Werkstatt Sprache A7

Sprachbuch für das 7. Schuljahr

Herausgegeben von Karl O. Frank und Harald Pfaff

Verfasst von Toni Bürkle, Karl O. Frank, Dieter Kunz, Helga Längin, Harald Pfaff, Petra Pfaff-Muthmann, Richard Schöllhorn, Sabine Schulze-Bühler und Ulrich Volkmann

Illustriert von Jörg Drühl und Peter Schimmel

Oldenbourg

Das Papier ist aus chlorfrei gebleichtem Zellstoff hergestellt,
ist säurefrei und recyclingfähig.

© 1995, 1997 Oldenbourg Schulbuchverlag GmbH, München
www.oldenbourg-schulbuchverlag.de

Das Werk und seine Teile sind urheberrechtlich geschützt. Jede Verwertung in
anderen als den gesetzlich zugelassenen Fällen bedarf deshalb der vorherigen
schriftlichen Einwilligung des Verlages.

Dieses Werk folgt der reformierten Rechtschreibung und Zeichensetzung.

2. Auflage 1997 E

Unveränderter Nachdruck   03   02   01   00
Die letzte Zahl bezeichnet
das Jahr des Drucks.

Verlagslektor: Rolf Schäferhoff, Assistenz: Simone Riedel
Herstellung: Wolfgang Felber
Schreibschrift: Eduard Wienerl
Umschlaggestaltung: Atelier Höpfner-Thoma, München
Umschlagkonzeption: Mendell & Oberer, München
Satz und Offsetreproduktion: Satz + Litho Sporer KG, Augsburg
Druck und Bindung: R. Oldenbourg Graph. Betriebe GmbH, München

ISBN 3-486-**86717**-2

Inhalt

Mit Sprache kreativ umgehen ... 5
1. Nach Texten schreiben ... 6
2. Erwachsen werden – Freies Schreiben (FTh) ... 17
3. Spielen (W) ... 28

Informieren ... 33
1. Was steht da drin? – Sachtexte erschließen ... 34
2. Jetzt ist es passiert – Unfallberichte ... 41
3. Wie war das noch? – Aus dem Alltag berichten ... 48
4. Was es für uns in unserem Ort gibt – Dokumentieren (FTh) ... 55

Umgang mit anderen ... 65
1. Meine Meinung, deine Meinung – Diskutieren ... 66
2. Mit Menschen anderer Kulturen zusammenleben (FTh) ... 75

Mit Texten umgehen ... 83
1. Worum geht es? – Texte zusammenfassen ... 84
2. „Behalt das Leben lieb!" – Jugendbuch ... 94
3. „Krachen und Heulen" – Balladen, Gedichte ... 104
4. „Das finde ich toll!" – Fernsehserien (W) ... 113

Rechtschreiben ... 119
1. Selbstständig berichtigen ... 120
2. Zusammen oder getrennt? ... 124
3. Großschreibung ... 132

Sprachbetrachtung und Grammatik ... 141
1. Wiederholung ... 142
2. Sätze verbinden, Kommas setzen ... 146
3. Sätze fügen, Kommas setzen ... 149
4. Aktiv – Passiv ... 158
5. Direkte und indirekte Rede (W) ... 162
6. Oberbegriffe – Unterbegriffe ... 166
7. Redensarten und Sprichwörter ... 169

Anhang
Inhaltsübersicht ... 174
Einfach zum Nachschlagen: Grammatik ... 176
Stichwortverzeichnis ... 179

Zeichenerklärung:
* = Diktierabschnitt bei Übungstexten, (W) = Wahlbereich, (FTh) = fächerverbindendes Thema

Textquellen

S. 10: Notlandung, nach: Klose, Werner (Hg.), Wir erzählen Geschichten. Reclam-Verlag, Stuttgart 1979, S 37 f; *S. 11:* Hans Thoma, Aus der Frühzeit des Autos. In: Winter des Lebens. Diederichs-Verlag, Jena, o. J.; *S. 12:* Schnurre, Wolfdietrich: Unsere Erfahrungen mit Zwergen, in ders., Als Vaters Bart noch rot war. © 1958 by Peter Schifferli-Verlags AG „Die Arche", Zürich; *S. 14:* Das „fantastische Binom", nach: Gianni Roderi, Grammatik der Fantasie. Die Kunst, Gedichte zu erfinden. Reclam, Leipzig 1992, S. 21–25 (1431); *S. 15:* Spiele, nach: Praxis Schule, Heft 5, Westermann Schulbuch Verlag, Braunschweig 1991, S. 35, 37; *S. 20:* Jostein Gaarder, Sofies Welt, übers. v. Gabriele Haefs, Carl Hanser Verlag, München – Wien, 1993, S. 8 f. (gekürzt); *S. 21:* Frings, Matthias; Kraushaar, Elmar (Hg.): Heiße Jahre. Das Ding mit der Pubertät. Rowohlt Taschenbuch-Verlag, Reinbek 1983, S. 7–9 (gekürzt); *S. 22:* Claudia Höly, Manchmal, in: Was für ein Glück, 9. Jahrbuch der Kinderliteratur, hrsg. v. H.-J. Gelberg, Beltz und Gelberg, Weinheim/Basel, 1993, S. 222; *S. 23:* René Magritte, Le Thérapeute 1936; *S. 24:* Grafik v. R. Michl; *S. 26:* Martin Gutl, In Beziehung, aus: ders., Loblied vor der Klagemauer, Styria-Verlag, Graz – Wien – Köln 1990, S. 61; *S. 27:* Manfred Mai, Eine leise Melodie; ders., Kein Wort, aus: ders., Große Pause, Loewes Verlag, Bindlach 1986, S. 96, S. 115; *S. 31:* Die Wette, Der beste Maler, aus: Lutz Röhrich, Der Witz, Metzler Verlag, Stuttgart 1977, S. 123, 124; *S. 31 f:* Angeln verboten, aus: Heinz Schmalenbuch, Spielbare Witze für Kinder, Falken Verlag 1986, S. 92; *S. 34:* Josef Scheppach, Rückkehr aus dem ewigen Eis. Stern Nr. 42, 2. Okt. 91, S. 230 ff. (gekürzt) *S. 36 f.:* a. a. O., S. 232; *S. 38 f.:* Neues von Ötzi, nach: Elli G. Kriesch, in, SZ Wissenschaft, 8.10.1992; *S. 52 f.:* Rolf W. Brednich, Die Spinne aus der Yucca-Palme, Sagenhafte Geschichten von Leuten, Beck'sche Verlagsanstalt München, Beck'sche Reihe Nr. 403, S. 47; *S. 59:* Wir laden Sie ein, aus: Werbung Kurverwaltung Höhenschwand; *S. 60:* Stadtplan Wangen; *S. 68:* Der Walkman, aus: Christian Stelzer, Musik im Kopf/Detlev Schnoor, Wenn die Welt zum Stummfilm wird, in: Medienerziehung 2/1988. S. 68 ff (gekürzt und geändert); *S. 76:* Federica de Cesco, Aischa oder die Sonne des Lebens, Ravensburger TB 4050, 1989, S. 74; *S. 77 f:* Wir leben hier! Ausländische Jugendliche berichten. Hrsg. U. Holler, A. Teuter, Alibaba, Frankfurt 1992; *S. 79:* Federica de Cesco, Aischa, a. a. O., S. 44 f.; *S. 84:* Karin Gündisch, Oliver, aus: Fundevögel, Geschichten zum Wieder- und Wiederlesen, hrsg. v. Peter Härtling, Radius-Verlag, Stuttgart 1991, S. 94 f; *S. 85 f.:* Sigrid Henck, Es war einmal…, aus: Augenaufmachen. 7. Jahrbuch der Kinderliteratur, hrsg. v. Hans-Joachim Gelberg, © 1984 Beltz Verlag, Weinheim und Basel, S. 80 f.; *S. 88 f.:* Franz Hohler, Ein starkes Erlebnis, aus: Die Erde ist mein Haus, Jahrbuch der Kinderliteratur, hrsg. v. H.-J. Gelberg, Beltz & Gelberg, Weinheim und Basel 1988, S. 186; *S. 90 ff.:* Originaltexte frei nach römischen Quellen, in: Marrou, Geschichte der Erziehung im klassischen Altertum, Karl Alber Verlag, Freiburg 1957, S. 39 ff.; *S. 94 ff.:* Jaap ter Haar, Behalt das Leben lieb, übers. von H.-G. Schädlich, Georg Bitter Verlag KG, Recklinghausen 1976; *S. 97 f.:* Jaap ter Haar, a. a. O.; *S. 99:* Jaap ter Haar, a. a. O.; *S. 102:* Jaap ter Haar, a. a. O.; *S. 104:* Otto Ernst, Nis Randers, aus: F. Avenarius, Balladenbuch, Steingrüben Verlag, Stuttgart 1961, S. 449; *S. 105:* Peter Hacks, Ballade vom schweren Leben des Ritters Kauz vom Rabensee, aus: ders. Das Windloch, Werner Hörnemann Verlag, Bonn 1970; *S. 108:* Müllzauber, Grafik von Friderike Groß, Stuttgart; *S. 113:* Schüler aus Steele…, aus: WAZ, Nr. 252, 29.10.1990; *S. 114:* Er ist der Held…, aus: Gong aktuell 1990, Gong Verlag München; *S. 120:* Hans-Georg Noack, Benvenuto heißt willkommen, Ravensburger Taschenbuch 4006, S. 65; *S. 121:* Willi Fährmann, Es geschah im Nachbarhaus, Arena Verlag 1992, S. 128; *S. 127:* Wörterbuchauszug aus: Wortprofi, Schulwörterbuch Deutsch, verfasst von Josef Greil, Oldenbourg, München 1996, S. 157; *S. 130:* Charles Chaplin, aus: Kindheiten, Hrsg. von Ursula Voss. dtv, München 1979, S. 1 © Middelhauve, Köln; *S. 131:* In den Straßen von Göteborg. Aus: Verstehen und Gestalten A7, Oldenbourg, München, 1995, S. 164; *S. 135:* Kerner/Imre Kerner, Der Klimareport, Kiepenheuer & Witsch, 1990. S. 104 (verändert); *S. 137:* Kindermode, nach: Kleider und Leute, hrsg. v. Amt der Vorarlberger Landesregierung, Bregenz 1991, S. 95/96; *S. 139 f.:* *Charles Chaplin, Die Geschichte meines Lebens, Fischer Verlag, Frankfurt 1965; *S. 148:* Eine Teufelsgeschichte, aus: Friedrich Kübler, Sagen, Geschichten, Brauchtum aus dem nördl. Schwarzwald, hrsg. v. Brunhilde Kübler, Bad Herrenalb-Zieflensberg; *S. 155:* nach Michael Ende, Momo, Thienemann Verlag, Stuttgart 1973, S. 23; *S. 160:* Die magische Zauberkiste, nach: Praxis Deutsch, 19. Jg. März 1992, Friedrich Velber, Seelze, S. 50; *S. 165:* Zerbrochenes Ei im Mai, nach: Inge Dreecken, Mein erstes Buch vom Bauernhof, Südwest-Verlag, München 1980 (übers. Walter Schneider); *S. 168:* Hausmaus, in: Praxis Deutsch (18), 1991, Heft 106, Friedrich Velber, Seelze, S. 28. Die mit Carol Freydank oder C. F. gezeichneten Texte sind Originalbeiträge von Karl O. Frank.

Bildquellen

Action-press, Hamburg: *S. 114, 1;* Anthony, Starnberg (Kratz): *S. 75,3* (Lauer), *S. 75,5* (H. Schmied), *S. 168;* T. Bürkle, Waldkirch: *S. 17, S. 33, S. 45, 1–3, S. 48, 1–4, S. 65, S. 69,1, S. 83, S. 119, S. 154, S. 161;* Daimler Benz Museum, Stuttgart: *S. 11;* Deutsche Blindenstudienanstalt, Marburg: *S. 102,2;* dpa *S. 75,4, S. 80,2;* dtv, München: *S. 94;* F. Groß, Stuttgart: *S. 108;* H. Hertel, Nürnberg: *S. 41, 1–2, S. 42;* E. Huber, München: *S. 82;* Interfoto, München: *S. 75,1, S. 140;* iwz, Stuttgart: *S. 117, 1–2;* KNA, Frankfurt: *S. 65* (einkopierte Rose); K. Kokoska, Gelsenkirchen: *S. 113;* Keystone Pressedienst, Hamburg: *S. 75, 2;* Mauritius-Bildagentur, Mittenwald: *S. 66, 3, S. 149;* H. Meiser, Furth i. W.: *S. 66, 2;* R. Michl, München: *S. 24;* Österreichisches Museum für angewandte Kunst, Wien: *S. 137, 1;* Rheinisches Landesmuseum, Trier: *S. 90;* R. Schäferhoff: *S. 51, 1–2, S. 66, 1, S. 160, 1;* M. Schnell, München: *S. 67, 1;* R. Schöllhorn, Wangen: *S. 55, S. 63, 1–2, S. 80, 1, S. 120, S. 132, 1–2;* Siemens, München: *S. 66* (Walkman); Studio X, Limours (© Gamma/Hanny) *S. 34,* (© Gamma/Hinterleitner) *S. 35;* Tele-Bunk, Berlin: *S. 114, 2–3;* VG Bild-Kunst, Bonn 1994: *S. 5, S. 23;* Vorarlberger Landesmuseum, Bregenz: *S. 137, 2;* John Walmsley Photography, Albury Heath: *S. 78;* H. Wies, Neunkirchen: *S. 47, 1, S. 67, 2, S. 68;* Winkler Verlag: *S. 6* (Stauber).

Trotz entsprechender Bemühungen ist es nicht in allen Fällen gelungen, den Rechtsinhaber ausfindig zu machen. Gegen Nachweis der Rechte zahlt der Verlag für die Abdruckerlaubnis die gesetzlich geschuldete Vergütung.

Mit Sprache kreativ umgehen

1. Nach Texten schreiben

Texte umformen **1**

Der Kern der Geschichte

Ein Mann hält vor der Stadtapotheke, lädt eine Tür ab und trägt sie hinein. Er erklärt dem Apotheker, dass der Doktor das Rezept für seine kranke Frau auf diese Tür geschrieben habe.

Das seltsame Rezept

Es ist sonst kein großer Spaß dabei, wenn man ein Rezept in die Apotheke tragen muss; aber vor langen Jahren war es doch einmal ein Spaß.
Da hielt ein Mann von einem entlegenen Hof eines Tages mit einem Wagen und zwei Stieren vor der Stadtapotheke still, lud sorgsam eine große tannene
5 Stubentür ab und trug sie hinein. Der Apotheker machte große Augen und sagte: „Was wollt Ihr da, guter Freund, mit Eurer Stubentür?" Dem sagte der Mann, der Doktor sei bei seiner kranken Frau gewesen und hab ihr wollen ein Tränklein verordnen, so sei in dem ganzen Haus keine Feder, keine Tinte und kein Papier gewesen, nur eine Kreide. Da habe der Doktor das Rezept an
10 die Stubentür geschrieben und nun soll der Herr Bachin so gut sein und das Tränklein kochen.
Item[1], wenn es nur gut getan hat. Wohl dem, der sich in der Not zu helfen weiß.

Johann Peter Hebel (1760 – 1826)

a In der Apotheke war auch Christiane, die alles hörte und sah. Zu Hause erzählte sie ihrer Mutter: „Stell dir mal vor, was heute in der Stadtapotheke los war! …" Erzähle weiter.

b Johann Peter Hebel lebte von 1760 bis 1826. Daher sind für uns der erste und der letzte Abschnitt schwer verständlich. Übertrage sie in das heutige Deutsch.

c Vergleiche den Kern der Geschichte mit der Erzählung. Wie macht uns Johann Peter Hebel neugierig?

---
[1] Item (lat.): also

d In der Apotheke steht auch der Reporter Erich Kasch. Er schreibt im Abendblatt:

Not macht erfinderisch

Brassenheim (eka) – Da staunt der Laie und der Fachmann wundert sich. Bauer K. aus Horgendorf kam schon frühmorgens nach Brassenheim. „Der kommt nie so früh in die Stadt!", sagte mir der Apotheker...

– Schreibe den Zeitungstext weiter.

Tipps:
- In und vor der Apotheke stehen Neugierige.
- Mit der schweren Tür ist nicht leicht umzugehen.
- Erich Kasch übertreibt, er will ja seine Leserinnen/Leser unterhalten.
- Erich Kasch schreibt im Präteritum.

e Zum Üben, Einprägen und Kontrollieren

Substantive	Verben	Adjektive
die Apotheke	abladen	neugierig
das Aufsehen	befördern	schwer
der/die Doktor/in	entgegnen	sorgsam
das Rezept	erwidern	tannen
der Spaß	sich mühen	entlegen
der Trank	schleppen	groß
der Tag, eines Tages	tragen	krank
das Papier	halten	lang

– Bilde die Pluralformen der Substantive. Welche lassen sich nicht in den Plural setzen?
– *abladen, erwidern, sich mühen, schleppen, tragen, halten, kommen, sagen, schreiben:* Bilde die 3. Person Singular des Präteritums. Vergleiche die Formen des Präteritums.
– *entlegen, sorgsam:* Suche Ausdrücke mit ähnlicher Bedeutung und verwende sie in Sätzen.
– *tannen = aus Tannenholz:* Von welchen Holzarten gibt es ähnlich gebildete Adjektive?
– Manche Adjektive kannst du steigern.

2 Hier findet ihr die Zusammenfassung einer bekannten Geschichte von Johann Peter Hebel.

> In seiner Kalendergeschichte „Das Mittagessen im Hof" erzählt Johann Peter Hebel, wie es ein Diener seinem Herrn nie recht machen kann und wie er diesem deshalb eine Lehre erteilt.
> Bei einem Mittagessen mäkelt der Herr an der Suppe herum ① und wirft den Suppentopf wütend ② aus dem Fenster in den Hof. Daraufhin wirft der Diener ③ die übrigen Speisen mitsamt Tischdecke, Besteck und Gläsern hinterher. ④ Auf den Zornausbruch seines Herrn antwortet er, er habe geglaubt, der Herr wolle im Hof speisen. ⑤

a Eine 7. Klasse schrieb die Zusammenfassung in die Mitte eines Plakats und markierte mit Zahlen Stellen, an denen der Text zu einer Erzählung ausgebaut werden könnte.
Beispiele:
① Was könnte der Herr denken, was sagen?
② Beschreibt diese Stelle genauer.
③ Wie macht der Diener das? Was kann er denken oder sagen?
④ Im Hof könnte eine Bekannte des Herrn/des Dieners stehen. Was wird sie denken, sagen, rufen?
⑤ Daraus könnte ein Gespräch werden.

– Habt ihr weitere Vorschläge? Schreibt sie in ähnlicher Weise auf.

b Alle wählen sich eine Textstelle und schreiben dazu eine Teilgeschichte.
– Hängt eure Texte aus. Ihr könntet zum Beispiel eine Leine spannen und eure Texte mit Wäscheklammern anheften.
– Ihr könnt eure Texte auch vorlesen.

c Schreibe mithilfe der Zusammenfassung und der Ideen eine Erzählung zum Thema: *„Das Mittagessen im Hof"*.

3 Emil, der Spaghetticlown

Heute hatte Emil seinen letzten Auftritt. Zwar sah er mit den großen Ohren und dem abstehenden roten Haar lustig aus, aber er war tieftraurig. Wie sollte es nur weitergehen? Was sollte er nur machen?
Er betrat ein kleines Restaurant, direkt neben dem Zirkus, zog seine Jacke aus und setzte sich in eine Ecke, von wo er die anderen Gäste beobachten konnte. Er studierte eingehend die Speisekarte, blätterte von hinten nach

vorne und wieder von vorne nach hinten. Er brauchte lange, bis er sich entscheiden konnte. Endlich war er
10 so weit. Er bestellte, dabei erklärte er viel und gestikulierte mit den Händen. Was wollte er nur? Warum redete er so viel? Der Ober nickte, notierte die Bestellung und ging.
15 Bald darauf kam er wieder und servierte einen dampfenden Schuh mit Schnürsenkeln. Emil verzog keine Miene und aß mit großem Appetit. Da wuchsen auf seinem Kopf Spaghetti
20 und selbst aus den Ohren und der Nase kamen sie heraus.

Emil musste zum Friseur! Der sollte ihm die Spaghetti schneiden. Aber das ging nicht, die Spaghetti wuchsen und wuchsen. Die anderen Clowns aber bewunderten seine Frisur und sogar der Direktor kam und machte ihm ein
25 neues Angebot.

a Das gibt es doch nicht. Oder? Wie heißen solche Erzählungen?

b Nehmt diesen Text unter die Lupe.

Das hat mir gut gefallen.	Hier fehlt etwas, hier habe ich noch Fragen.	Meine Tipps, meine Angebote
Z. 6–10: Gut! Es wird spannend.	Z. 16: Wie serviert er den Schuh? Wie sieht er aus?	**?**

– Übertrage diese Tabelle in dein Heft und fülle sie aus.

c Was findet ihr spannend? Wo sind Lücken, wo versteht ihr etwas nicht? Welche Verbesserungen schlagt ihr vor?

d Beim Spaghettifriseur. Was war da wohl los? Erzähle diesen Teil der Geschichte ausführlich.
– Wie sieht der Spaghettifriseur aus?
– Wie verhält er sich, wie verhält sich Emil?
– Was sprechen sie miteinander, was denken andere von ihnen?
– …

Perspektive wechseln **1**

Notlandung auf der Autobahn

Karlsruhe (dk). Ein Sportflugzeug landete auf der Autobahn zwischen Heidelberg und Karlsruhe. Wegen Benzinmangels musste es notlanden. Wie die Polizei mitteilte, wurde dabei niemand verletzt. Beim Flug nach Stuttgart war der Pilot in ein Gewitter geraten. Als er versuchte dem Unwetter auszuweichen, verlor er die Orientierung. Der Umweg kostete so viel Benzin, dass er sein Ziel nicht mehr erreichen konnte.
Durch auffälliges Flugverhalten machte er eine Flensburger Familie in ihrem PKW auf sich aufmerksam. Die Familie, die auf einer Urlaubsreise in den Schwarzwald unterwegs war, ermöglichte ihm eine gefahrlose Landung.

Inge, die Tochter der Flensburger Familie, erzählt die Notlandung aus ihrer Sicht:

Mein Bruder, meine Eltern und ich fuhren frühmorgens von Flensburg in den Schwarzwald um Urlaub zu machen.
Da sah ich über uns ein Flugzeug, "Mama, schau, der fliegt aber tief", sagte ich. – "Ja, weißt du, weiter oben kann er bei dem Wetter nichts sehen", sagte Vater.
Kai legte seine Karten weg. Wir fuhren weiter und ließen das Flugzeug hinter uns. Dann hörten wir über unserem Auto lauten Motorenlärm. Wir konnten uns das nicht erklären. Da sahen wir einige Meter über uns ein Sportflugzeug. Es hatte uns in der Luft überholt und sank immer tiefer. "Will der etwa landen?", sagte Vater. – "Halt doch an!", sagte Mutter. "Du fährst ihm ja gleich auf."
Da landete das Flugzeug auf der Autobahn. Vater musste stark bremsen und wir hatten Angst, dass uns jemand auffährt. Aber die anderen Autofahrer hatten anscheinend auch bemerkt, dass das Flugzeug landen wollte. Hinter uns entstand ein riesiger Stau.
Da stieg der Pilot aus dem Flugzeug und kam auf uns zu. Er bedankte sich und sagte, er habe kein Benzin mehr gehabt.

a Du kannst Inges Erzählung unter die Lupe nehmen. Erstelle einen Beobachtungsbogen wie auf S. 9.

> Eine Geschichte könnt ihr aus der Sicht eines Erzählers/einer Erzählerin darstellen, aber auch aus der Sicht einer der beteiligten Personen. Diesen Wechsel nennen wir **Perspektivenwechsel,** also Wechsel der Sichtweise.

b Der Pilot erzählt: „Es war ein herrlicher Sommertag. Der Tower ..."
– Schreibe weiter.

Mit Sprache kreativ umgehen

C Zum Üben, Einprägen und Kontrollieren

> am frühen (M/m)orgen – (M/m)orgens – frühmorgens
> bis zum späten (A/a)bend – (A/a)bends – spätabends
> am (N/n)achmittag – (N/n)achmittags
> spät in der (N/n)acht – (N/n)achts

– Schreibe die Zeitangaben richtig ab. Wenn du unsicher bist, kannst du in einem Rechtschreibwörterbuch nachschlagen.
– Bilde mit diesen Zeitangaben Sätze.

2 Aus der Frühzeit des Autos

Ich war auf dem Wege nach einem Luftkurort. Wohlgemut wanderte ich durch das sanft ansteigende Tal; es war so grün und aus dem Buchen-
5 wald wehte frische Kühlung. Aber nicht lange – da begegneten mir viele Automobile, Staub und Stank hinter sich lassend als den Anteil, der dem Fußgänger gehört. Da verging mir schnell das Lächeln und ich schimpfte
10 mit den andern. Fast hätte ich den Lausbuben entschuldigt, der nach dem Automobil und seinen Insassen warf, und den tückischen Fuhrmann, der rechts fuhr statt links und zögernd und fluchend auswich.
Da kam aber auf einmal ein äußerst freundlicher Automobilführer hinter mir her. Er hielt still und fragte, ob ich nicht mitfahren wolle, es sei Platz neben
15 ihm. Ich überlegte wohl, ob ich mich dem Teufelswerk anvertrauen sollte. Auf einmal aber saß ich oben neben dem freundlichen Führer und die Sache schnurrte vorwärts. „Fahren Sie langsam, Herr Schofför oder wie man Sie nennt; der Weg zur Ewigkeit ist gar nicht weit!" Er fuhr auch mir zulieb wirklich langsam; bald kam es mir vor, als ob die Automobile doch nicht so übel
20 seien, als man sie verschreit. Kein Staub und Stank belästigt den, der darauf sitzt; es war doch gar so schön, dahinzufahren durch das Land. Ob die Holzfuhrwerke richtig auswichen, das machte mir freilich jetzt schon Sorgen und ich fing schon an zu schimpfen über die Fuhrknechte, die halb oder ganz auf ihren Wagen schliefen und ihre Gäule laufen ließen rechts und links und mit-
25 ten auf der Straße, wie die Viecher wollten. Wir kamen aber gut vorbei und Schimpfwörter huschten mit vorbei. Als ein Bube eine Bierflasche nach dem Auto warf, da stieg der Führer ab und ohrfeigte ihn; das fand ich nun ganz

gerecht. Als die Landstraße schnurgerade vor uns lag und auch kein Fuhrwerk in Sicht war, meinte ich, man könnte es schon ein wenig laufen lassen; dem Führer war's auch recht. Hei, wie flog das so schön dahin! Das sind halt zwei gar verschiedene Standpunkte, ob man auf dem Automobil sitzt oder auf der staubigen Landstraße geht.

Hans Thoma (1839–1924)

a Je nach Standpunkt sieht man eine Sache anders. Erkläre.

Gespräch führen **b** Vor dem Gasthaus „Krone" traf man sich wieder und machte sich gegenseitig Vorwürfe: Fußgänger, Fuhrknechte, der Vater des geohrfeigten Jungen, der Automobilführer, der Ich-Erzähler und ... und ...
– Wie könnte das Gespräch ablaufen?

c Erzähle die Geschichte aus einer anderen Perspektive, etwa:
– Ein Fußgänger ging hinter dem Erzähler. Schreibe aus seiner Sicht.
– Der „freundliche Automobilist" oder einer der Fuhrknechte schreiben über das Ereignis.
– Der „Flaschenwerfer" erzählt.
– Verlege diese Geschichte in die heutige Zeit.

d Zum Üben, Einprägen und Kontrollieren

ausweichen, er weicht aus er wich aus	der Luftkurort
belästigen	recht sein, es ist mir recht
entschuldigen, du entschuldigst	schnurgerade
die Frühzeit	tückisch, von: die Tücke
der Gaul, die Gäule	das Vieh
der Insasse, die Insassen	wehen, es weht
die Kühlung	es wehte

3 Die Großmutter schenkte dem Erzähler und seinem Vater einen Gartenzwerg.

Es war ein furchtbarer Zwerg. Er war gut einen Meter groß, sah aus wie ein mit Speck eingeriebenes, bärtiges Baby, nannte glänzende Schnallenschuhe, eine faltenlose blaue Schürze, eine Tabakspfeife, die einen Blumentopf darstellte, einen Holzrechen und eine rosa Glatze sein Eigen.
Um der Pietät[1] willen stellten wir den Kunstzwerg im Schlafzimmer auf. Aber schon nach wenigen Tagen fingen wir an schweigend um ihn herumzu-

---
[1] Pietät: Achtung, Rücksichtnahme

gehen und kurz darauf überraschten wir uns beide dabei, dass wir jeder, wie zufällig, mit einem zusammengefalteten Sack ins Zimmer traten. Wir gaben erst gar keine langen Erklärungen voreinander ab. Wir verpackten den Zwerg. Vater hob ihn sich ächzend auf die Schulter und dann fuhren wir zum Bahnhof und setzten den Kunstzwerg im Eilzug nach Brüssel in ein leeres Erster-Klasse-Abteil. Er sah merkwürdig aus auf dem grünen Samtpolster.

nach: Wolfdietrich Schnurre (1920–1989)

a Endlich sind sie den Zwerg los. Was wird dieser alles erleben?

Elke schreibt:

> An der Grenze stieg der Zöllner zu. Er war ein freundlicher Mann und nahm seine Aufgabe ernst. "Zollkontrolle, Ihren Pass bitte!", so tönte es durch den Zug und die Reisenden zeigten bereitwillig ihren Ausweis vor. Die Zugbegleiterin aber war eine listige Frau und lag bereits auf der Lauer.
> Als der Zöllner dann in das Abteil mit dem Kunstzwerg trat und sein freundliches "Zollkontrolle, Ihren Pass bitte!" rief, stutzte er. Er neigte den Kopf nach unten um besser über den Brillenrand schauen zu können und ...

Carl schreibt:

> Der Schaffner staunte über den Anblick des Zwerges und dachte bei sich: "Bestimmt ist der Besitzer gerade im Zugrestaurant. Da komme ich später vorbei."
> Als er nach einer Weile nachschaute, war der Zwerg nicht mehr da. Die beiden Fahrgäste im Abteil behaupteten, dass sie nichts von einem Zwerg wissen würden. Das kam dem Schaffner komisch vor...

Und ein weiterer Vorschlag:
Großmutter ruft den Vater an und sagt: „In dem Zwerg habe ich ... versteckt ...". Vater und Sohn suchen ihn verzweifelt.

b Du bist Zugbegleiterin, Zollbeamter oder der Sohn und schreibst weiter.
  – Wer „spielt" in deiner Erzählung noch mit?
  – Was sehen, hören, fühlen, sprechen deine Personen?
  – Wie willst du deine Leserinnen und Leser neugierig machen?
  – Was könnte Überraschendes passieren?
  – Wie sieht deine Lösung aus? Verrate sie möglichst spät.

c Stellt eure Texte vor (vorlesen oder aushängen).

Mit Sprache kreativ umgehen

d Zum Üben, Einprägen und Kontrollieren

> Die Zugbegleiterin behauptete,
> Ein Fahrgast meinte,
> Der Zollbeamte erklärte, ⎯⎯⎯ dass
> Großmutter verriet,
> Vater wusste,

– Schreibe Sätze aus deiner Zwergengeschichte auf.

4 Erzählideen? Aus der Zeitung natürlich!

Nasenbär auf Ausflug

Karlsruhe (dpa). Ein aus dem Karlsruher Zoo ausgebrochener Nasenbär wurde gestern früh in der Nähe des Hauptbahnhofs „gestellt". Er saß in etwa zehn Meter Höhe auf einem Baum und wurde mit einem Pistolenschuss narkotisiert. Über eine Drehleiter brachte die Feuerwehr den Ausreißer wieder zur Erde und in sein Gehege im Stadtgarten zurück.

Wildsau gegen Taxi

Ludwigshafen (dpa). Eine ausgewachsene Wildsau lief einem Ludwigshafener Taxifahrer mitten im Stadtzentrum gegen das Auto. Wie die Polizei berichtete, tauchte das Borstenvieh nach dem Zusammenstoß vermutlich im Rhein unter. Eine sofort eingeleitete Suche blieb ergebnislos. Allerdings wurde eingeräumt, dass diese Tiere recht gut schwimmen könnten.

a Du warst bei einer der Geschichten dabei.
– Du hast den Nasenbären entdeckt.
– Du bist der Taxifahrer, dem das Unglück mit dem Borstenvieh passierte.

Texte erfinden

1 Das „fantastische" Binom

> Spielregel:
> - Man wählt zwei Spieler und gibt jedem ein Wörterbuch. Beide suchen von vorn und von hinten je ein Substantiv. Beide Substantive werden an die Tafel geschrieben.
> - Falls kein Wörterbuch da ist, schreibt jemand spontan ein Substantiv auf die Rückseite der Tafel, jemand ein Substantiv auf die Vorderseite, z.B. *Hund – Schrank; Weichspüler – Bande; Herz – Orchester.*
> - Man kann beide Substantive auch verbinden, etwa durch Präpositionen (*Hund im Schrank*) oder durch den Genitiv (*Schrank des Hundes*).

Mit Sprache kreativ umgehen

a Entwickelt aus eurem fantastischen Binom so viele Textideen, wie Schülerinnen und Schüler in der Klasse sind. Schreibt jede Idee auf eine Karteikarte. Beispiele:

> *Der Hund im Schrank*
> *Herr Dr. Polyphem (Wer ist das?) holt seine Jacke. Da sieht er einen fremden Hund im Schrank. (Was ist das für ein Hund?) (Wie kam der in den Schrank?)*
> *Der Hund sagt: „?"*
> *Was wird alles passieren?*

> *Der Schrank des Hundes*
> *Eine Idee für einen Möbeldesigner! (Wozu braucht ein Hund einen Schrank?) Leute sprechen über den Schrank. Eine vornehme Dame (...??). Welche Hunde brauchen ihn?*
> *Möglicherweise enthält der Schrank sogar ein Geheimnis. Wir wissen nichts darüber.*

b Mischt eure Karten. Wähle eine Karte und schreibe deine Geschichte.

c Eure Textentwürfe werden unter die Lupe genommen. Erstellt dazu einen Beobachtungsbogen wie auf Seite 9.

d Überarbeitet die Entwürfe und stellt eure Texte der Klasse vor (Aushang, Vorlesekreis, Erzählbuch).

2 Ideen für Ideen

> **Das Wer-Wo-Was-Spiel**
>
> Jeder Spieler nimmt drei verschiedenfarbige Zettel für „wer", „wo", „was" und schreibt
> – eine Person (Namen, Alter, Beruf, …)
> – einen Handlungsort (auf der Straße, am Waldrand, im Zeltlager, …)
> – einen Oberbegriff für das Thema (Tier, Seltsames, Lustiges)
> Mischt die Zettel und zieht drei verschiedenfarbige Zettel.

> **Das Redensarten- oder Schlagzeilenspiel**
>
> a) Man schreibt eine Redensart auf einen Zettel (z. B. *seinen Senf dazugeben*), mischt die Zettel. Man nimmt seine gezogene Redensart wörtlich, erfindet eine Hauptperson und schreibt eine Geschichte.
> b) Man sucht Schlagzeilen, schreibt sie auf einen Zettel, mischt die Zettel und schreibt zu einem beliebigen Zettel eine Geschichte.

a Wählt aus, schreibt einen Entwurf, überarbeitet ihn, stellt die Texte vor.

3 Geschichten – Landkarte

a Wähle eine „Kette" und schreibe alle Wörter heraus. Schreibe zu diesem „Geschichtenkern" eine Erzählung.

b Ihr könnt in Gruppen eine ähnliche „Landkarte" erstellen und dazu eine Geschichte erfinden.

2. Erwachsen werden – Freies Schreiben (FTh)

Veränderungen **1** „Ich bin doch kein Kind mehr!"

Christiane verändert ihr Zimmer: „Ich bin doch kein Kind mehr", sagt sie sich. „Deshalb muss alles aus dem Zimmer, was nicht mehr zu mir passt." Johannes hat die gleiche Idee.

a Hast du diese Idee auch schon gehabt? Kannst du auch erklären, warum?

b Was werden die beiden nicht mehr in ihrem Zimmer haben wollen? Suche die entsprechenden Gegenstände aus der Liste heraus.

Ballettanzug	Jeans	Röcke
Babyfotos	Kinderbücher	Rucksack
Body	kurze Hosen	Rollschuhe
Briefe von Freundinnen	Kassettenrekorder	Rüschenbluse
Jugendzeitschriften	Kinoplakate	Skateboard
Computer	Kerzen	Sonnenbrille
CD-Player	Lautsprecherboxen	Spielzeugautos
Deostift	Lippenstift	Sweatshirts
Federballspiel	Mobile	Schulranzen
Flöte	Modellbauschiff	Sofa, Sessel
Gitarre	Markenturnschuhe	Schreibtisch
Gläser	Nachthemd	„Tierfreund"
Gürtel	Nickytücher	Tablett
Haargel	Puppen	Tischtennisschläger
Hamster	Plüschtiere	Werkzeugkasten
Jugendscheckkarte	Parfüm	Zahnspange

Mit Sprache kreativ umgehen

Informationen beschaffen

c Welche Gegenstände passen zu dir? Lege eine Liste an und trage sie ein. Beispiel:

In mein Zimmer gehört:	Meine Kleidung muss sein:	Meine Toilettenartikel sind:	Meine Sportgeräte sind:
?	?	?	?

d Vergleicht eure Ergebnisse. Was wollen die meisten von euch haben?

e „Plüschtiere passen einfach nicht mehr zu meinem Alter." Seid ihr auch dieser Ansicht?

2 Johannes schreibt an seinen Brieffreund Florian

> " ▓ habe mein Zimmer verändert. Es ist richtig leer bei mir geworden. Das finde ich ▓. Ich habe meine Holzregale durch Stahlregale ersetzt, denn ich wollte kein Zimmer mehr, das ▓. In meiner Lieblingsecke ist es ganz gemütlich. Dort stehen jetzt ▓. Mein Bettzeug räume ich tagsüber weg, damit es ▓ aussieht. An den Wänden meines Zimmers ▓. An meiner Tür habe ich ein Schild angebracht: "Bitte anklopfen", denn ▓. Wenn meine Freunde kommen, spielen wir nicht mehr, sondern ▓. Alex und Andreas haben mir ein Tablett mit Gläsern geschenkt. Jetzt können wir ▓. Kannst du deine CDs mitbringen, wenn du das nächste Mal kommst? Ich freue mich schon darauf, dann können wir ▓.
> Bis bald!

a Schreibe den Brief ab und ergänze die Lücken.

b Johannes ist jetzt oft in seinem Zimmer. Welche Gründe könnte er haben?

c „Bitte anklopfen!" Gilt das auch für Mutter, Vater und Geschwister?

d Christiane schreibt an die Jugendzeitschrift SWING und bittet um Rat:

> Wie sag ich es nur meiner Mutter?
> Meine Mutter ist sehr nett zu mir und kauft mir oft etwas zum Anziehen. Aber in letzter Zeit sind das Sachen, die mir nicht mehr gefallen. Ich tue so, als ob ich mich freue, damit sie nicht enttäuscht ist; aber eigentlich will ich meine Kleidung lieber selbst aussuchen. Oder mit meinen Freundinnen. Was soll ich nur tun?

– Schreibe einen Antwortbrief an Christiane.

3 Probleme – Wünsche

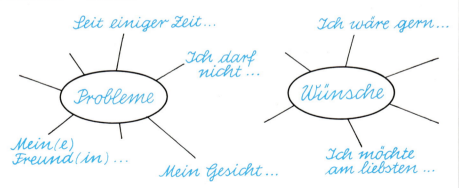

a Jugendliche haben viele Wünsche und manchmal auch Probleme. Zeichne eine oder beide Grafiken ab und ergänze sie. Ihr könnt darüber auch im Religionsunterricht sprechen.

b Probleme?
Du kannst zu diesem Thema einen Text (eine kurze Erzählung, ein Gespräch, deine Gedanken, …) schreiben.

c Wünsche?
Deine Wünsche kannst du durch eine Bildcollage verdeutlichen. Suche in Zeitschriften passende Bilder und klebe sie auf ein Plakat.
Beispiel:

"Wenn ich erwachsen bin, möchte ich gerne haben …
- einen Beruf, den mir Spaß macht
- 2 gesunde Kinder
- einen Haus- und Ehemann, der mich liebt
- eine tolle Wohnung + ein Auto
- viele Hobbys zum Spaß
- dass ich und meine Familie gesund sind
- dass Frieden auf der Welt ist
- einen Urlaub auf Kreta
- dass man keine Tiere mehr quält"

– Schreibe zu deiner Collage einen Text.
– Stelle Text und Collage in der Klasse vor.

Mit Sprache kreativ umgehen

Pubertät **1** Aus dem Buch „Sofies Welt"

Heute lag in dem großen, grünen Briefkasten nur ein kleiner Brief und der war für Sofie. „Sofie Amundsen" stand auf dem kleinen Briefumschlag. „Kløverveien 3." Das war alles, kein Absender. Der Brief hatte nicht einmal eine Briefmarke. Sowie Sofie das Tor hinter sich geschlossen hatte, öffnete
5 sie den Briefumschlag. Darin fand sie nur einen ziemlich kleinen Zettel. Auf dem Zettel stand: *Wer bist du? (...)*
Wer bist du?
Wenn sie das wüsste! Sie war natürlich Sofie Amundsen, aber wer war das? Das hatte sie noch nicht richtig herausgefunden. Wenn sie nun anders hieße
10 Anne Knutsen zum Beispiel. Wäre sie dann auch eine andere? Plötzlich fiel ihr ein, dass ihr Vater sie zuerst Synnove genannt hätte. Sofie versuchte sich auszumalen, wie es wäre, wenn sie die Hand ausstreckte und sich als Synnove Amundsen vorstellte; aber nein, das ging nicht. Dabei stellte sie sich die ganze Zeit eine andere vor.
15 Nun sprang sie vom Hocker und ging mit dem Brief ins Badezimmer. Sie stellte sich vor den Spiegel und starrte sich in die Augen. „Ich bin Sofie Amundsen", sagte sie. Das Mädchen im Spiegel schnitt als Antwort nicht einmal die kleinste Grimasse. Egal, was Sofie auch machte, sie machte genau dasselbe. Sofie versuchte dem Spiegelbild mit einer blitzschnellen
20 Bewegung zuvorzukommen, aber die andere war genauso schnell.
„Wer bist du?", fragte Sofie. Auch jetzt bekam sie keine Antwort, aber für einen kurzen Moment wusste sie einfach nicht, ob sie oder ihr Spiegelbild diese Frage gestellt hatte. Sofie drückte den Zeigefinger auf die Nase im Spiegel und sagte: „Du bist ich." Als sie keine Antwort bekam, stellte sie den
25 Satz auf den Kopf und sagte: „Ich bin du."

Jostein Gaarder (gekürzt)

a Weiß Sofie nicht, wer sie ist? Warum erstaunt sie diese Frage?

b *„Wer bist du?"* Wenn du diesen Brief bekommen hättest?

c Wie sehen dich dein Freund/deine Freundin, deine Mutter, deine Geschwister, deine Lehrerin ...? Erstelle eine ähnliche Grafik.

Beispiel:

Mutter:
Er (Sie) ist doch ...

Freund(in):

Nachbarn:

Schwester:
Eine Nervensäge ist ...

Lehrer(in):

Vater:

2 Fragen – Antworten

- Was ist denn plötzlich mit dir los?
- Warum sagst du nichts?
- Warum bist du auch so albern?
- Was hast du denn schon wieder?
- Was redest du stundenlang am Telefon?

a Ergänze diese Fragen und versuche Antworten zu finden.

Informationen beschaffen **b** Solche und ähnliche Fragen treten während der Pubertät auf. Schlage in einem Lexikon nach, was „Pubertät" bedeutet. Ihr könnt das Thema „Pubertät" auch im Biologieunterricht behandeln.

3 Heiße Jahre

Heiße Jahre – das bedeutet erst mal nicht so genau zu wissen, wer und was man eigentlich ist. Man ist kein Kind mehr, aber auch noch nicht erwachsen. Eltern und andere Erwachsene verlangen, dass man sich nicht mehr wie ein Kind benimmt, aber gleichzeitig darf man noch längst nicht alles, was zum Beispiel den Zwanzigjährigen ganz selbstverständlich erlaubt wird. Die Eltern bestimmen über Taschengeld, Kleidung und wie lange man abends wegbleiben darf, denn in solchen Fällen ist man eben doch noch viel zu jung oder fast noch ein Kind. Da soll sich noch einer zurechtfinden.
Heiße Jahre – das bedeutet auch, dass alles plötzlich in Bewegung gerät. Nicht nur der Körper verändert sich, sondern auch die Einstellung zu Erwachsenen, zu Freunden und Freundinnen, zur Schule und zu sich selbst. Der spielerische Rollentausch der Kindheit hört auf, man spürt mit einem Mal, dass man eine ganz besondere, einzigartige Person ist. Aber was für ein Typ diese Person ist, wie sie aussieht, was sie mag und was nicht, was sie kann und was nicht – ist durchaus nicht klar und einfach zu erkennen, sondern man muss es in den nächsten Jahren langsam selbst herausfinden.
Heiße Jahre – das bedeutet, dass man sich während dieser Zeit, wo vieles so plötzlich, so unerwartet, so heftig passiert, gehörig die Finger verbrennen kann.
Heiße Jahre – meint aber auch, dass es kribbelig, aufregend und spannend wird, eben heiß. Wenn etwas Neues passiert, gibt es zwei Möglichkeiten, sich darauf einzustellen: Man kann erschreckt und verängstigt wie der Vogel Strauß den Kopf in den Sand stecken und so tun, als wäre eigentlich gar nichts geschehen. Und wirklich, viel passieren kann einem dabei nicht. Denn wer sich nichts traut, für den geht auch nichts schief. Das ist der sichere Weg, der dummerweise aber auch viel Langeweile garantiert. Wo nichts Schlimmes passiert, wo niemand mal

auf die Nase fällt, da kann auch nichts Tolles passieren. Der zweite Weg geht so: Neugierig sein! Steck deine Nase in alle möglichen Dinge und lass dich nicht mit dummen Antworten abspeisen! Finde heraus, wozu du selbst Lust hast und was deine Freunde von dir denken (das kann manchmal unangenehm sein, aber es hilft weiter!) und wie du gerne sein möchtest!

Heiße Jahre – können wirklich heiß werden, wenn man sie wie ein gigantisches Experiment anpackt. Je mehr man über sich und die anderen herausbekommt, je mutiger man dabei ist, desto deutlicher wird klar, wozu man alles in der Lage ist. Sag mal laut und deutlich *Nein*, wo du sonst immer brav *Ja* genickt hast! Und versuche mal ein *Ja*, wo sonst von dir nur ein ängstliches *Vielleicht* oder *Ich weiß nicht so recht* zu hören war! Schließlich übernimmst du ein Stück Verantwortung für dich. Wie Sabine oder Kai oder Manuela sich als Jugendliche verhalten, ist ganz stark bestimmend dafür, wie sie als Erwachsene sein werden. Jetzt ist noch genügend Zeit vieles einfach mal auszuprobieren, und je mehr man ausprobiert hat, desto genauer weiß man, was man wirklich will und wo es einem gut geht.

a Welche Probleme der Pubertät werden in diesem Text behandelt? Schreibe zu jedem Sinnabschnitt einige Stichworte heraus.

b Was meint ihr zu den Vorschlägen? Was seht ihr ebenso, wo habt ihr eine andere Meinung?

4   Manchmal

manchmal
kriech ich
in mich hinein
und bin
ganz klein
doch irgendwann
komm ich
wieder raus
und wachse
über mich
hinaus

Claudia Höly

a Wie sieht die Autorin die Pubertät? Untersuche den Aufbau des Gedichts.

b Schreibe das Gedicht in die Mitte eines großen Blattes Papier. Suche Bilder, durch die du das Thema des Gedichts verdeutlichst. Du kannst auch Sätze und/oder einzelne Wörter dazuschreiben.

Auf dem Weg **1**

René Magritte, *Le Thérapeute*

a Was hat dieses Bild mit dir zu tun?

b Lies den Anfang der folgenden Geschichte und schreibe weiter.

> Ein kleiner Vogel saß in seinem Käfig und sah mit sehnsüchtigen Augen in die Ferne zu den blauen Bergen. „Dahinter muss es wunderschön sein", dachte der kleine Vogel. Da öffnete jemand die Tür seines Käfigs …

Mit Sprache kreativ umgehen

2

Nachbarn

Vereine

Bücher

Jugendgruppe

Kirche

Geschwister

Vater

Mutter

Verwandte

Freunde

a Schreibe auf, was dir zu diesem Bild einfällt. Sprecht über eure Eindrücke.

b Welche Hilfen werden von den verschiedenen Seiten angeboten? Entscheide dich für einen „Helfer". Warum hast du gerade diesen ausgesucht?

c Was erwartest du von einem „Helfer"? Schreibe deinen „Wunschzettel".

d

Mit meinen Eltern ist es eigentlich ganz Klasse. Meine Mutter hilft mir häufig bei meinen Hausaufgaben. Mein Vater hat eigentlich wenig Zeit. Wenn er sich aber Zeit nimmt, lässt er mich nicht mehr los. Dann habe ich keine Zeit mehr mich mit meinen Freunden zu treffen. (Tobias, 14 Jahre)	Meine Eltern wollen zuhören, aber sie haben nie Zeit. Sie stellen viele Fragen und verstehen meine Antworten nicht. (Tanja, 15 Jahre)
	Meine Mutter ist eine meiner besten Freundinnen, sie war es immer schon. (Annette, 17 Jahre)

Mit Sprache kreativ umgehen

Meine Eltern helfen mir in allen Dingen und ich kann ihnen alles anvertrauen. Sie verstehen mich. Zu Hause muss ich nichts machen; ich darf. Alles, was ich mache, tue ich von mir aus. Dann macht das Helfen auch viel mehr Spaß. Außerdem diskutieren meine Eltern mit mir über meine Probleme. Ich darf meine Meinung äußern und sie nehmen sie an. Manchmal haben sie mir auch Recht gegeben, aber meistens hatten sie Recht. Über meine Eltern weiß ich nichts Schlechtes zu sagen. Besonders gut finde ich, dass meine Eltern meine Briefe nicht kontrollieren. Sie vertrauen mir wie ich ihnen.

(Annelie, 14 Jahre)

– Welche Erfahrungen machen Annette, Annelie, Tobias und Tanja? Wie stehst du dazu?

3 Verantwortung übernehmen

Es ist mir erlaubt
Ich möchte
Ich darf
Ich kann
Ich will
Ich will
Ich will

Ich habe zu tun
Ich darf nicht
Ich kann nicht
Ich muss
Ich sollte
Ich soll nicht
Ich muss

Informationen beschaffen

a Ergänze das Gedicht durch Rechte und Pflichten. Erkundigt euch dazu im Gemeinschaftskundeunterricht.

b Sammelt in der Klasse Beispiele zu den folgenden Punkten und diskutiert darüber.

– Erwachsen werden heißt Aufgaben selbstständig zu übernehmen, etwa: Zimmer aufräumen, im Haushalt mithelfen ... Ergänzt.

– Erwachsen werden heißt auch größere Freiheiten zu erhalten. Welche Freiheiten bekommt ihr, welche stellt ihr euch vor?

Mit Sprache kreativ umgehen

c Ihr könnt eure Meinung in freien Texten aufschreiben, etwa als Gedichte, als kurze Tagebuchnotiz ...

Beispiel:

4   In Beziehung

Zwei Hände können klatschen,
eine Hand schafft es nicht.

Regen und Erde
Sonne und Mond
Meer und Land
Mann und Frau
Mensch und Mensch,
alles ist für die Beziehung da.

Zwei Ohren,
zwei Augen,
zwei Seiten,
zwei Sichten.

Nichts ist für sich allein,
alles ist für die Beziehung da.

Martin Gutl

a Niemand lebt im „luftleeren" Raum, alle brauchen Mitmenschen. Kannst du erklären, wie das Gedicht gemeint ist? Ihr könnt das Thema auch im Religionsunterricht ansprechen.

b Wann möchtest du, dass jemand bei dir ist? Du kannst dazu einen Cluster erstellen:

c Eine leise Melodie

Seit du
in dieser Klasse bist
ist das Zimmer hell

Die Stimme des Lehrers
wird zu einer leisen Melodie

Aus Büchern und Heften
lachst du mir entgegen
versteckst dich
zwischen Vokabeln
und Gedichten
machst mir warm

Mitten in der Stunde
nehme ich dich
einfach an der Hand
und gehe mit dir
hinaus

Kein Wort

Auf dem Weg
zur Schule
kurz nach sieben
begegne ich dir
täglich
an einer belebten Kreuzung

Kein Wort
haben wir geredet

Kein Wort
steht zwischen uns

Mit deinen Augen
deinem Lächeln
im Vorübergehn
öffnest du mir den Tag

Manfred Mai

– Welche positiven Erfahrungen sind in beiden Gedichten beschrieben?

3. Spielen (W)

1 Pantomime als Stegreifspiel

Frau Knubbelich will in die Stadt zum Einkaufen. Sie richtet die Einkaufstasche, zieht ihre Jacke an, macht sich vor dem Spiegel zurecht und öffnet die Haustür.

> **Szene 1**
>
> Da, es regnet. Sie zieht ihren neuen Mini-Regenschirm aus der Einkaufstasche, aber er entfaltet sich nicht wunschgemäß. Nach ärgerlicher/ umständlicher/belustigender Kleinarbeit an dem Schirm macht sie sich auf den Weg.

> **Szene 2**
>
> Wie reizend! Sie trifft eine Nachbarin und bewundert deren Schoßhündchen (ein Yorkshireterrier, eine Dogge, einen giftigen Schnauzer). Die beiden Damen haben große Schwierigkeiten Neuigkeiten auszutauschen, denn das Tier...

a Spielt eine der beiden Szenen als Pantomime.

b Macht Verbesserungsvorschläge.
Frau Knubbelich kämpft mit dem Regenschirm, der sich nicht öffnen will.

Frau K. rafft ihren Schirm zusammen, eilt in den Garten, holt ihren Sonnenschirm, der Schutz für mehrere Personen bietet.

c Die Spielversuche regen an andere Situationen auszuwählen und/oder weitere Personen auftreten zu lassen.

Ein Nachbar mit Hund kann seinen „Bello" kaum auf Abstand halten.

d Ihr könnt auch ganz andere Szenen vorspielen und erraten lassen: *In der Boutique. Im Schuhladen. Beim Zahnarzt. Beim spannenden Fernsehkrimi.*

2 Reicher Fischfang. Zwei Fassungen

Fassung 1

Ein Mann saß mit seinem Freund am Rhein und angelte. Plötzlich zuckte die Schnur. Der Mann drehte die Schnur auf und holte einen Schuh aus dem Wasser. „So etwas!", sagte er, schüttelte den Kopf und warf die Schnur wieder aus. Es war sehr heiß, beide dösten vor sich hin.
5 Plötzlich zuckte die Schnur wieder. Der Angler holte die Beute vorsichtig aus dem Wasser. Eine Milchkanne!
Er brummte erstaunt, stellte die Milchkanne neben den Schuh und warf die Angel wieder aus. Die Schnur trieb schlaff, es war wie gesagt sehr heiß. Beide dösten wortlos. Da zuckte die Schnur wieder. Mit Schwung holte er die
10 Schnur ein, wieder ein Schuh, der linke zum rechten. Da sagte er zu seinem Kumpel: „Komm, wir gehen! Da wohnt jemand."

Fassung 2

Zwei nicht besonders helle Kerle sitzen am Ufer eines Gewässers. Der eine hat eine Angel lässig ausgeworfen, es ist heiß. Beide dösen vor sich hin. Da plötzlich, die Schnur zuckt! Der Angler wird munter und holt sie ein. Gespannt starren beide auf einen – Herrenschuh.

Verdutzt nimmt er ihn ab. Der andere meint: „Was die Leute nicht alles ins Wasser werfen." Die beiden betrachten den Schuh andächtig. Dann legt ihn der Angler neben sich ins Gras und wirft die Schnur wieder aus. Sie treibt im Wasser, es ist sehr heiß. Beide dösen wortlos vor sich hin. Plötzlich zuckt die Schnur wieder. Beide sind hellwach. Der Angler prüft den starken Zug und dreht vorsichtig die Spindel. Sein Freund meint: „Das ist aber ein ganz großer ..." Das Wort bleibt ihm im Halse stecken, als der Angler die Beute mit Schwung aus dem Wasser holt: eine noch brauchbare Milchkanne! Erfreut stellt er sie neben den Schuh: „Du, die könnte ich direkt noch gebrauchen." Er wirft die Schnur abermals aus. Sein Nachbar schaut befremdet, sagt aber nichts. Also blinzeln beide weiter in die graugrünen Fluten und schauen misstrauisch bald auf die Beute, bald auf die Angelschnur. Es ist wie gesagt recht heiß. Ab und zu muss man eine lästige Mücke abwehren. Der eine: „Du!", der andere: „Wer hätte das gedacht." Und wieder Mücken, nachdenkliches Zurechtrücken der Mütze, dann müdes Gähnen. Da! Wieder dieses aufregende Zucken und Spannen der Rute! Und das zerrt sogar. „Ein kräftiger Bursche, ha!" Vorsichtiges Einholen. Der andere springt eifrig auf und hält den Kescher bereit: „Der soll uns nicht durch die Lappen gehen!" Aus den Fluten taucht triefend ein – Herrenschuh auf, der linke zum rechten. Da packt den Angler ein Grauen: „Nichts wie weg hier! Da wohnt jemand." Packt sein Angelzeug und beide stürzen entsetzt davon.

Carol Freydank

a In der Geschichte passiert eigentlich nicht viel. Trotzdem hat sie Spannung und eine Pointe. Wie wird die Pointe vorbereitet?

b Welche Fassung bietet mehr Möglichkeiten zum Spiel, welche zum Vorlesen oder Erzählen? Ihr könnt in Gruppenarbeit eine Fassung als Erzähl- oder als Spielvorlage ausprobieren und euer Ergebnis vorstellen.

Arbeitsplan: Vorlesen	Arbeitsplan: Spielen
• Text zum Vorlesen vorbereiten (Siehe S. 103.) • Mimik und Gestik unterstützen den Vortrag. • Vorlese- oder Vortragsversuche bewerten	• Sprechtext und Regieanweisungen aus dem Text mit verteilten Rollen lesen • mehrfach spielen; Spielversuche verbessern • wenige Requisiten einsetzen; die Pointe durch plötzliches Abdunkeln verstärken

3 Lügengeschichten

Die Wette

„Aber ihr sollt doch nicht streiten, Kinder!", sagte der Lehrer. „Worum geht es denn?" „Wir haben einen kleinen Hund gefunden", antwortete der Größte. „Und wir wollen ihn dem schenken, der die größte Lüge erzählt. Jeder meint, er sei der größte Lügner, aber ich habe am tollsten gelogen."
Der Lehrer schüttelte den Kopf: „Als ich in eurem Alter war, wusste ich gar nicht, was eine Lüge ist." Da schrien sie alle wie aus einem Munde: „Der Hund gehört Ihnen!"

Der beste Maler

Drei Maler erzählten stolz von ihrer Arbeit. „Neulich", meinte der eine, „neulich habe ich ein Holzbrett so täuschend ähnlich marmoriert, dass es im Wasser unterging wie ein Stein."
„Pah!", sagte der zweite. „Gestern hängte ich ein Thermometer neben mein Bild ‚Die Polarlandschaft'. Das Quecksilber sank sofort auf dreißig Grad unter null."
„Das ist doch gar nichts!", versetzte der dritte Maler. „Mein Porträt eines bekannten New Yorker Milliardärs ist so lebensnah, dass es zweimal die Woche rasiert werden muss."

a In beiden Geschichten wird viel geredet. Was passiert sonst noch?

b Welche der beiden Geschichten lässt sich leichter spielen, welche leichter erzählen? Probiert das aus.

c Sucht weitere Witze oder lustige Geschichten, die sich zum Vorlesen oder Spielen eignen.

4 Angeln verboten

Personen: *Angler und Polizist*
Spielanleitung: *Im Klassenzimmer wird in einer Ecke ein See markiert. An der Wand hängt ein Schild: „Angeln verboten". An einem 1,50 m langen Stock wird eine 2 m lange Schnur mit einem Haken aus Draht befestigt. Der Wurm besteht aus einem braunen Wollfaden.*
Angler: *(erscheint mit Angelrute und einem Klapphocker unterm Arm)*
So, dann bin ich aber mal gespannt, ob hier im See wirklich so viele Fische sind, wie Klaus behauptet hat.
(klappt den Hocker auseinander und wirft die Angelrute aus; anschließend setzt er sich auf den Hocker, kurz darauf kommt ein Polizist)

Angler: *(schaut auf)*
    Ach, hallo, Herr Wachtmeister! Was führt Sie bei diesem schönen Wetter an den See?
Polizist: Dasselbe wollte ich Sie fragen.
Angler: Mich? Aber, Herr Wachtmeister, das sehen Sie doch.
Polizist: Ja, *(gedehnt)* das sehe ich. Aber haben Sie denn das Schild „ANGELN VERBOTEN" nicht gelesen? *(zeigt auf das Schild)*
Angler: *(erschrocken)*
    Aber, Herr Wachtmeister, wie kommen Sie denn auf diese Idee? *(entrüstet)* Ich angle doch nicht!
Polizist: *(spöttisch)* Nein? Und was soll die Angel dort im Wasser?
Angler: Aber, Herr Wachtmeister, ich bade doch nur mein Würmchen, dagegen können Sie doch wohl nichts haben.
Polizist: Dürfte ich dann das Würmchen wohl mal sehen?
Angler: Aber selbstverständlich.
    (holt die Angel ein, hält dem Polizisten den Wurm unter die Nase)
Polizist: *(sieht sich den Wurm an)* So, so!
Angler: Ein hübsches Würmchen, nicht wahr, Herr Wachtmeister? Finden Sie nicht auch, dass dieses Würmchen es verdient hat, gewaschen und gebadet zu werden?
Polizist: *(zieht einen Block und einen Stift aus der Jacke)*
    Ja, ja, das kostet Sie aber 25 €.
Angler: *(entgeistert)* Was? Wieso das denn?
Polizist: Na, das ist doch wohl ganz klar, Ihr Wurm trägt keine Badehose.

a Lest den Text mit verteilten Rollen.
– Übt zunächst einzelne Textstellen.
– Wie musst du lesen, wenn du eine Textstelle gedehnt, spöttisch … ausdrücken willst?

b Spielt diese Szene.
– Wie kannst du Äußerungen durch Gestik und Mimik verstärken?
– Du kannst die Regieanweisungen ergänzen.

Beispiele:
(1) Polizist: *(sieht sich den Wurm an, ist verblüfft, stottert überrascht)* So, so!
(2) Angler: *(erschrocken, denkt angestrengt nach, dann mit pfiffigem Gesicht)* Aber, Herr …

– Die Szene hat zwei Pointen. Wie kann das im Spiel verdeutlicht werden?

Informieren

1. Was steht da drin? – Sachtexte erschließen

1 Rückkehr aus dem ewigen Eis

Der **Mann**, den das Eis des Ötztaler **Similaun-Gletschers** so hervorragend konserviert hat, war ein 25- bis 30-jähriger Jäger, 1,60 Meter groß, kräftig gebaut, mit abrasierten Achsel- und Schamhaaren und Glatze.
Das „Manderl", wie ihn die Einheimischen inzwischen tauften, liefert wich-
5 tige Einblicke ins **Alltagsleben der Bronzezeit-Menschen.** „Er war für seine Klettertour im Eis bestens (**gekleidet** und) **ausgerüstet**", urteilt der aus dem Mainzer Römisch-Germanischen Zentralmuseum herbeigerufene Konservator Markus Egg. Der Urtiroler trug trittfeste *Schnürschuhe* (Größe 38) aus Wildleder, als er vom Tal aufstieg. Bevor er in die Region des
10 ewigen Eises ging, stopfte er sich wärmendes Heu in seine *„Socken"* aus Birkenrinde. Wind- und wasserdicht polsterte er mit diesem altertümlichen Thermofutter auch seine Leder*jacke* und *-hose*. Seine Hände, die noch im Tod ein Bronzebeil umklammerten, schützten *Lederhandschuhe*, innen mit Gamshaar gefüttert. Über seiner linken Schulter hing ein mannshoher *Bogen*
15 aus Kirschholz; rechts trug er einen *Lederköcher* (50 Zentimeter lang) mit 14 gefiederten *Pfeilen* (75 Zentimeter lang).
Am Gürtel trug der Gletschermann eine *Tasche* aus Birkenholz. *Inhalt:* ein Amulett und zwei babyfaustgroße Steine, die wie Kinderkreisel zugeschnitten sind. Außerdem eine gelochte Steinperle, durch die sechs fingerlange
20 Stricke gezogen sind. Auch ein „Feuerzeug" hatte er dabei: einen kleinen trockenen Baumschwamm, dazu einen Flintstein zum Funkenschlagen. Sein *Proviant* bestand aus Dörrfleisch, Fladenbrot aus Gerste oder Hafer und getrockneten Beeren.

34 Informieren

a Der Fund ist für viele Fachleute sensationell. Was ist daran besonders wichtig, aufregend?

b Ötztal, Bronzezeit, Konservator/konservieren, „Manderl", Thermofutter, Region, Amulett, Flintstein
Kläre die unbekannten Wörter.
– Manche Wörter kannst du mithilfe des Textes erklären.
– Manche Wörter musst du in einem Wörterbuch nachschlagen.

c Welche Hilfen für dein Textverständnis geben dir die in Fettdruck (Oberbegriffe) und die in Kursivdruck (Unterbegriffe) wiedergegebenen Wörter?

2 Stichwortzettel

Dominiks Stichwortzettel:

Mann am Similaun-Gletscher gefunden. Einblicke in Alltagsleben der Bronzezeit-Menschen. Kleidung und Ausrüstung für seine Klettertour: Schnürschuhe, Thermofutter in Socken, Jacke und Hose. Lederhandschuhe, Bogen und Köcher, Tasche mit Inhalt und Proviant.

Violas Stichwortzettel:

<u>Mann in den Alpen aus Gletscher geborgen</u>
1. Ein wichtiger Fund
   Der Mann liefert Einblicke in die Alltagswelt der Bronzezeit-Menschen
2. Kleidung und Ausrüstung
   a) Kleidung: Thermofutter {
   → Schnürschuhe
   → Jacke → aus Leder
   → Hose
   → „Socken" → aus Birkenrinde
   → Handschuhe
   b) Ausrüstung: → ...

a Du sollst vor der Klasse über den Mann vom Similaun-Gletscher frei sprechen. Welcher der beiden Stichwortzettel ist dafür besser geeignet?

b Wie hat Viola den Punkt 2 gegliedert/geordnet?

c Vervollständige einen Stichwortzettel und berichte.

3

? Bislang rätselhaft sind die Tätowierungen an dem Toten: strichförmige Zeichen in Höhe der Niere und ein Farbkreuz am Knie.

? Als wichtiger Fund gilt neben dem Bronzebeil ein Messer mit Steinklinge. „Dies beweist", so Professor Spindler, „dass der Mann in der Übergangsepoche zwischen Steinzeit und Bronzezeit gelebt hat." Darauf deutet auch die mitgeschleppte Kraxe hin, ein Holzgerüst, auf dem er vermutlich Erze transportieren wollte.

[Handschriftliche Notiz neben Absatz 1:] Tirol war ein Zentrum für Herstellung von Bronze

In der frühen Bronzezeit (2000 bis 1800 vor Christus) war Tirol ein kleines Zentrum der Verhüttung von Kupfer und Zinnerz zu Bronze. Zinn aber war rar, deshalb wurde selbst in entlegensten Regionen danach gesucht.

Bei einer solchen Hochgebirgsexpedition erfror der Similaun-Mann, wie er wegen seines Fundortes offiziell heißt, vermutlich. Es muss ein Herbsttag gewesen sein, denn nur in dieser Jahreszeit wehen extrem trockene Föhnwinde. Die haben ihn mumifiziert, ehe Schnee fiel und der Tote vom Eis umschlossen wurde.

?

Erst drei Tage nach ihrer Entdeckung wurde die Leiche im Holzsarg am Hubschrauber baumelnd in die Innsbrucker Gerichtsmedizin transportiert. Ein unverzeihlicher Fehler, wie sich jetzt herausstellt. Denn durch das Auftauen fielen bereits Schimmelpilze über den Gletscher-Mann her. Deshalb wurde er zur Konservierung mit Phenol bedampft und wird nun bei sechs Grad unter null aufbewahrt.

?

a Suche Teilüberschriften zu den Abschnitten 1, 2, 4 und 5 sowie eine Gesamtüberschrift.

b Erkläre die unbekannten Wörter entweder aus dem Textzusammenhang oder durch Nachschlagen.

c Du sollst weiter über den Fund berichten. Benutze die Überschriften und ergänze sie mit Stichworten.

Beispiel:

[Handschriftliches Beispiel:]
Tirol war ein Zentrum zur Herstellung von Bronze
– Bronze war rar
– aus Kupfer und Zinn
– Zinn war selten

Informieren

Übungstext **4** Neues von Ötzi
Was die Nachlese am Fundort des Gletschermannes ergab

Knapp ein Jahr nach der sensationellen Entdeckung des Gletschermannes („Ötzi") legten die Archäologen im August die Fundstelle in den Ötztaler Alpen auf 3210 Meter Höhe völlig frei. Sie erhoffen sich weitere Einblicke in die Lebensweise und die Handelsbeziehungen der Menschen, die vor rund
5 5000 Jahren in den Alpen gelebt haben.
Bei der jüngsten Grabung entdeckte man keine Feuerstelle, wie sie die Wissenschaftler nach dem Fund verkohlter Holzreste und eines Hirschknochens im letzten Jahr erwartet hatten. Statt dessen entdeckten sie auf dem freigelegten Grund der Felsmulde Relikte, die bei der überstürzten Bergung 1991
10 zurückgeblieben waren: Gewebeteile der Mumie, die teilweise mit Grabungswerkzeugen abgetrennt worden waren, tauchten auf, darunter ein Fingernagel und bis zu neun Zentimeter lange, dunkle Haare, die dem Toten ausgefallen waren.
Zum Vorschein kamen außerdem weitere Überreste seiner Ausrüstung: Pelz-
15 stücke, vielleicht von einem Mantel, Schnüre und Lederriemen, die möglicherweise einen Fellsack zusammengehalten hatten, das abgebrochene, etwa 40 Zentimeter lange Bogenfragment und ein Fellklumpen, der als Mütze gedeutet wird.
Zu einer Art Rückentrage gehörten vermutlich die vier Holzteile: zwei lange
20 Haselnussstöcke und zwei kurze Brettchen, die ursprünglich zusammengebunden waren. Auf verknoteten Lederschnüren hatte der Gletschermann zwei getrocknete Pilze aufgezogen. Zunächst hielten sie die Wissenschaftler für Zunderschwämme. Inzwischen fand ein Mikrobiologe heraus, dass es sich um Birken- oder Lärchenporlinge handelt, die essbar sind und antibio-
25 tisch wirken.
Als archäologische Rarität gilt auch der Fellköcher, denn organisches Material zerfällt an der Luft oder in der Erde meist spurlos; übrig bleiben dann nur die steinernen Pfeilspitzen: ein Beispiel dafür, wie einseitig das Alltagsleben unserer Vorfahren überliefert ist! Nur zwei der vierzehn 85 Zentimeter lan-
30 gen Pfeilschäfte hatte der Gletschermann vollendet; die steinernen Pfeilspitzen waren abgebrochen, während die Befiederung am anderen Ende noch mit Birkenpech, dem Klebstoff der Vorgeschichte, und mit Fäden befestigt war.
In einer Ledertasche fand man unter anderem Feuersteinklingen. Außerdem
35 trug er eine rätselhafte durchbohrte Steinscheibe, an der mehrere Lederschnüre hängen, und einen damals gebräuchlichen Feuersteindolch mit sich. Für eine Sensation sorgte bereits am Tag nach der Bergung im September 1991 das Metallbeil, dessen Klinge aus nahezu reinem Kupfer gegossen war. Deshalb mussten die Archäologen den „Jahrhundertfund' in die (ältere) Kup-

ferzeit datieren, als der Mensch noch vorwiegend Steinwerkzeuge verwendete, aber schon verstand wertvolles Kupfer abzubauen und zu verarbeiten. In der Felsmulde hatte der gut ausgerüstete Gebirgsgänger Rast gemacht und war dann unter ungeklärten Umständen, auf dem Bauch liegend, zu Tode gekommen. Die Leiche war entweder bei trockenem Wetter, so die erste Erklärung der Mediziner, etwa zwei bis drei Wochen lang Wind und Sonne ausgesetzt und wurde dabei mumifiziert oder sie wurde durch einen plötzlichen Kälteeinbruch schockgefroren.

Aufnahmen des Computertomographen zeigen den Medizinern, dass das Skelett des etwa 1,58 Meter großen, 20 Kilo schweren, wahrscheinlich 30 Jahre alten Gletschermannes Abnutzungserscheinungen an beiden Sprunggelenken, aber keine Brüche aufweist. Auch ein Teil der inneren Organe, wie das geschrumpfte Gehirn, zeichnen sich ab. Hinweise auf einen gewaltsamen Tod gibt es bislang nicht. Eingriffe in den Körper werden erst jetzt vorgenommen.

Schon kurz nach der Entdeckung waren vor allem am Rücken des Toten mehrere dunkle Striche aufgefallen, parallel eingeritzte Tätowierungen. Ob sie religiöse, magische Zeichen oder Symbole eines Stammes sind, wird wohl ein Geheimnis bleiben.

Er ist die bislang älteste Mumie eines Menschen, der zudem zahlreiche Ausrüstungsgegenstände mit sich geführt hatte. Dass der Mann als Hirte mit seiner Herde im Herbst noch den Alpenhauptkamm überqueren wollte, ist eher unwahrscheinlich. Vielleicht war er auf der Jagd nach Gämsen oder Bären oder aber er war ein Händler, der sich im Norden mit Kupfergerät oder mit Kupfer eindecken wollte.

Vielleicht liefern die Untersuchungen, die voraussichtlich in zwei Jahren abgeschlossen sein werden, auch darüber genauere Kenntnisse, wer der Gletschermann war.

nach: *Elli G. Kriesch*

a Auch nach einem Jahr bleibt vieles offen. Woran erkennst du das im Text?

b Wir werden in diesem Text über zwei Themen informiert. Schreibe sie als Überschriften auf.

c Kläre die unbekannten Wörter. Du kannst sie aus dem Textzusammenhang oder mithilfe eines Fremdwörterlexikons erklären.

d Wähle dir ein Thema und lies diesen Teil des Textes noch einmal durch. Schreibe dir dabei Stichworte auf.
(Ein Hinweis: Welche Wörter würdest du **fett** oder *kursiv* drucken?)

e Fasse die Stichworte in Form von Teilüberschriften zusammen.

f Erstelle aus deinen Teilüberschriften zu einem Thema einen kurzen Text.

Beispiel für Textanfänge:
- Ein Jahr nach der Entdeckung des Gletschermannes untersuchen die Archäologen die Fundstelle genauer. Dabei finden sie auf dem Grund der Felsmulde …
- Auch nach einem Jahr stellen sich den Archäologen weitere Fragen über den „Ötzi". Sie vermuten, dass er in der Felsmulde bei trockenem Wetter …

g Korrigiert in Partnerarbeit eure Texte auf sachliche und sprachliche Richtigkeit. Ihr könnt dazu eine „Textlupe" erstellen.

> Du hast folgende Arbeitstechniken gelernt, mit denen du Texte aus verschiedenen Fächern auswerten kannst:
> - unbekannte Wörter klären
>   - aus dem Kontext (= Textzusammenhang)
>   - mithilfe eines Fremdwörterlexikons
> - jeden Abschnitt durchlesen und Stichworte schreiben
> - zu jedem Abschnitt eine Überschrift schreiben und darin die wichtigsten Wörter unterstreichen (Oberbegriffe)
> - mithilfe von Überschriften und Stichworten den Text zusammenfassen

h Wörter zum Üben, Einprägen und Kontrollieren

Substantive	Verben	Adjektive
das Amulett	abbrechen	altertümlich
die Bronze	datieren	antibiotisch
das Dörrfleisch	erfrieren	archäologisch
der Proviant	gießen	extrem
die Region	konservieren	einjährig, 30-jährig
das Relikt	mumifizieren	magisch
die Rarität	rasieren	offiziell
das Skelett	transportieren	organisch
das Symbol	urteilen	parallel
die Tätowierung	überqueren	rar
das Thermofutter	verhütten	steinern
der Urmensch/Urtiroler		unverzeihlich
das Zentrum		sensationell

– Welche Fremdwörter kannst du durch deutsche Wörter ersetzen? Schlage in einem Fremdwörterlexikon nach.
Beispiel: *Relikt* = Überrest, Überbleibsel

2. Jetzt ist es passiert – Unfallberichte

Berichten 1

a „Immer diese Mofafahrer!"
Was meinst du dazu?

b Wie kam es zu diesem Unfall?

c Wie können solche gefährlichen Unfälle verhindert werden?

d Jeder sieht den Vorfall anders.
Herr Müller, der Hausmeister, kommt vorbei.
Frank, der verletzte Schüler, Carsten, der Mofafahrer, und Oliver als unbeteiligter Zeuge berichten, was passiert ist.
Spielt die Szene.

Informieren

2

„Mensch, gestern nach Schluss ist im Hof was los gewesen. Der Carsten aus der 8a hat wieder mal mit seinem Mofa angegeben. ‚Zwei passen leicht hinten drauf', hat er gesagt. Er glaubt ja immer, Verbote gelten für ihn nicht. Melanie und Rainer haben sofort mitgemacht. Dem Frank ist er dann voll reingefahren und den hat es sauber auf die Nase gehauen. Die hat gleich fürchterlich geblutet und ist dick angeschwollen. Ich glaube, das Nasenbein ist hin. Am Arm hat er sich auch irgendetwas verrenkt. Und seine Brille ist auch zerbrochen. Die Klamotten von Frank haben vielleicht ausgesehen, alles blutig. Er hat echt käsig ausgeschaut. Das hat der Carsten von seiner ständigen Angeberei. Es ist ja nicht das erste Mal, dass er so etwas Gefährliches macht …"

a Wie beurteilst du diese Darstellung, wie die Sprache?

b Wann ereignet sich der Unfall, wann wird über ihn berichtet?

adverbiale Bestimmungen
→ S. 145

c

Ort	Zeit	Art und Weise
im Hof	…	fürchterlich
…		…

– Schreibe alle Wörter oder Wortgruppen heraus.

d Carsten kommt nach Hause. Seine Eltern fragen: „Na, wie war's heute in der Schule?" – Wie wird Carsten den Vorfall darstellen?

3 Schulunfälle werden über die Schule der Versicherung gemeldet.

An
Unfallversicherungsverband der Bad. Gemeinden u. Gemeindeverbände
Ausführungsbehörde für Unfallversicherung des Landes für die Regierungsbezirke Nordbaden und Südbaden
— Gesetzliche Unfallversicherung —

Unfall-Nr.:

| **Unfallanzeige** für Kinder in Kindergärten, Schüler, Studierende | Erläuterungen umseitig ① |

Name und Anschrift der Einrichtung (Kindergarten, Schule, Hochschule):

Art der Einrichtung ② | Träger der Einrichtung: ③

Freihalten für den Träger der Unfallversicherung

Familienname und Vorname des Verletzten: | geboren am: | Geschlecht ☐ männl. ☐ weibl.* | Staatsangehörigkeit

Anschrift des Verletzten (Postleitzahl, Wohnort, Wohnung): | ledig ☐ Ja ☐ Nein* | Kinder ☐ Ja ☐ Nein*

Name und Anschrift des gesetzlichen Vertreters: ④

Krankenkasse des Verletzten: | pflicht- ☐ | freiwillig ☐ | familien- ☐ | privat versichert* ☐

Wochentag | Datum | Jahr | Uhrzeit des Unfalls: ⑤ | Tätigkeit am Unfalltag ⑥
Beginn: Uhr Ende: Uhr

Verletzte Körperteile: ⑦

Art der Verletzungen: ⑧

Zuerst behandelnder Arzt: ⑨ | Jetzt behandelnder Arzt oder Zahnarzt: ⑩

Krankenhaus, in das der Verletzte aufgenommen wurde:

Unfallstelle (bei Wegeunfällen genaue Ortsangabe):

Unfallhergang: ⑪

(wenn erforderlich auf gesondertem Blatt fortfahren)

Zeugen des Unfalls: ⑫

Hat der Verletzte wegen des Unfalls den Besuch der o. a. Einrichtung unterbrochen?
Wenn ja, seit wann? bis wann?

...., den ....
(Ort)   (Datum)
Kenntnis genommen

Sicherheitsbeauftragter | Unterschrift des Leiters (Beauftragten) der Einrichtung

* Zutreffendes bitte ankreuzen

Informieren 43

Die Versicherung fordert einen Bericht über den Unfallhergang. Dazu gibt sie auf der Rückseite folgende Erläuterungen:

⑪ Bitte kurz gefasst, aber erschöpfend schildern:
   a) Unfallgegenstand (z. B. Fahrrad, Barren, Zirkel)
   b) Tätigkeit des Verletzten zur Zeit des Unfalls (z. B. Überqueren der Fahrbahn ...)
   c) Hergang des Unfalls (z. B. angefahren worden, gestürzt ...)
   d) vermutliche Unfallursache (z. B. Unaufmerksamkeit ...)

a Stelle die Angaben für das Feld ⑪ stichwortartig zusammen.

b Schreibe einen kurzen Unfallbericht, damit der/die Sicherheitsbeauftragte der Schule den Unfall der Versicherung melden kann.

4 Unfall und private Haftung

Franks Brille, die bei dem Unfall zerbrochen wurde, war neuwertig. Carstens Eltern melden den Schaden ihrer Haftpflichtversicherung. Carsten muss dazu einen Bericht über den Unfallhergang schreiben:

> Wir hatten Schulschluss. Ich dachte nicht mehr daran, dass das Fahren verboten ist. Ich stieg auf und fuhr los. Zwei Freunde fuhren mit. Plötzlich sah ich Frank. Ich konnte nicht mehr ausweichen. Mir tut schrecklich Leid, was passiert ist.
>
> Carsten Hinrich

a Wie beurteilst du diesen Bericht?

b Vervollständige den Text mithilfe der folgenden Fragen:
Wo und **wann** geschah der Unfall?
Welche **Folgen** hatte der Unfall?
Wie verlief der Unfall?
Warum ereignete sich der Unfall?
Du kannst die Erläuterungen zur Unfallanzeige Nr. ⑪ heranziehen.

5 Es passierte in der Dammstraße

Herr Langen:
6.30 Uhr aufgestanden, Morgentoilette, frühstückt in Ruhe, hat 8.30 Uhr Konferenz, ist darauf gut vorbereitet, verlässt 7.45 Uhr das Haus, hat keine Eile.

Lothar Bernich:
7.42 Uhr aufgestanden, wäscht sich kaum, hat um 8 Uhr Schule, keine Zeit zum Frühstücken, heute läuft alles verquer, rennt los, isst sein Brot auf dem Schulweg.

a Wie beginnt der Morgen für Herrn Langen, wie für Lothar?

b Welche Folgen kann das Verhalten der beiden im Verkehr haben?

6 7.47 Uhr. Herr Hartmann in Nr. 19 hat das Quietschen der Bremsen gehört. Er rennt ans Fenster, sieht das Kind vor dem Auto auf der Straße liegen. Sofort ruft er das Unfallkommando an.

Zeugen:

Frau Maier:
Klar. Der Mann ist gerast wie verrückt. Heutzutage ist man auf der Straße Freiwild. Rasen einfach. Für Fußgänger ist kein Platz mehr. Das arme Kind.

Herr Kronentaler:
Na, also der Bub ist zwischen den Autos nur so „rausgeschossen". Das Auto ist nicht schnell gefahren, aber den konnte der im Auto doch gar nicht sehen. Das war ganz unmöglich. Der hat überhaupt nicht aufgepasst …

Frau Beck-Miller:
Ich weiß nicht. Also ich weiß nicht … Es war kurz vor 8 Uhr … Das ging alles so schnell. Eben hab ich den Jungen noch rennen sehen. Ich ging auf dem Bürgersteig. Ein Auto ist da vorbeigefahren, nicht schnell. Ich hörte einen

Schlag, da lag er schon auf der Straße. Ich weiß wirklich nicht. Bremsquietschen hab ich nicht gehört.

a Vergleiche die Zeugenaussagen.

b Welche Angaben aus den Zeugenaussagen über Personen, Ort, Zeit und den Hergang sind für die Beurteilung des Unfallgeschehens brauchbar?

7 Unfallskizze

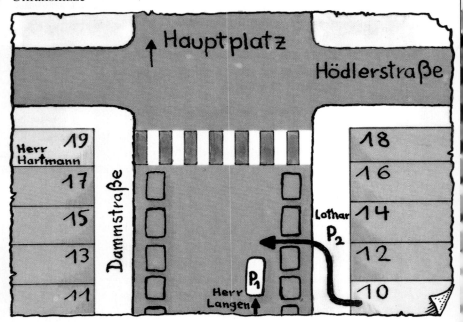

a Welche wichtigen Angaben liefert die Unfallskizze?

b Herr L. fuhr mit 30 km/h Richtung … **Wo? Wie? Wohin?**
Lothar wollte abkürzen. **Wie? Wo?**
Da ereignete sich der Unfall. **Wo? Wie? Wann?**
Zu Schaden kam … **Wer? Wie? Warum?**
Zeugen sind …

– Schreibe anhand der Skizze und mit Angaben der Zeugen den Unfallbericht der Polizei.

Svenia beginnt so:

Herr L. befuhr nach seinen Angaben die Dammstraße in Richtung Hauptplatz. In der Höhe des Hauses 14 kam Lothar B. …

8

Uhlandstraße – 7.45 Uhr – Mittwoch, 23.2.19..

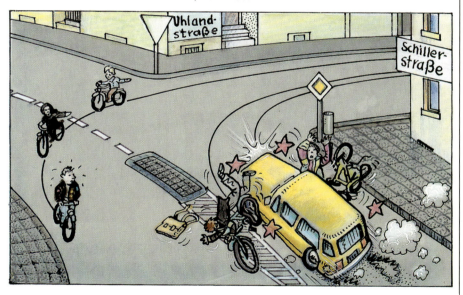

a Schreibe einen Unfallbericht.

> Berichte informieren über einen Vorgang, eine Tätigkeit, ein Ereignis.
> Die Leserinnen und Leser suchen Antworten auf folgende Fragen:
> - **Wer** war an dem Geschehen beteiligt?
> - **Wo** und **wann** geschah es?
> - **Wie** und **warum** passierte es?
> - Welche **Folgen** ergaben sich?
> - Berichte stehen im **Präteritum**.

3. Wie war das noch? – Aus dem Alltag berichten

1 Auf dem Flohmarkt

a Diese Fotos informieren. Schreibe Stichworte auf.

Bild-Nr.	Personen, Geschehen
1	Zwei Jungen bieten Bücher und Schmuckdosen an.
2	...

b Überprüfe und ordne deinen Stichwortzettel. Folgende Fragen helfen dir:
- **Wer** verkaufte auf dem Flohmarkt?
- **Wann** und **wo** fand er statt?
- **Was** wurde angeboten?
- Für **wen** wurde etwas angeboten?

c Berichte mithilfe deiner Stichworte mündlich.

d Berichte über andere Aktivitäten (Trainingsstunde, Musikstunde usw.). Erstelle dafür einen Stichwortzettel.

2 Jessica berichtet

```
    Als ich morgens um halb acht mit meinem Vater zum Flohmarkt fuhr, hatte ich
    viele Sachen dabei, die ich verkaufen wollte. Von mir hatte ich viele Bü-
    cher, Stofftiere, eine Gitarre und viel Krimskrams dabei, von meinem Bruder
    hatte ich Fahrzeuge wie einen Traktor, ein Dreirad und ein Bobicar dabei.
 5  Meine Freundin hatte auch noch Sachen beigesteuert. Es war eigentlich ein
    gutes Geschäft. Am Morgen lief das Geschäft sehr gut. Bis gegen Mittag gingen
    alle Fahrzeuge außer dem Traktor weg, während nachmittags nicht mehr viel lief.
    Es war auch toll, wie man mit den Leuten über die verschiedenen Sachen ver-
    handeln konnte, "15 Mark", "nein, fünf Mark", "sagen wir 10", "also gut".
10  Dazwischen kaufte ich mir einen Kaffee und eine Heiße. Am Schluss hatte ich
    85 Mark zusammen, leider musste ich auch noch an die anderen abgeben, mir
    selbst blieben 25 Mark. Es war ein schöner Flohmarktbesuch.
```

a Hast du noch Fragen an Jessica? Aber ja!
- Wo war der Flohmarkt?
- Wann war er?
- ...

b Ein Text liest sich leichter, wenn er in Abschnitte gegliedert ist. Wo könntest du Abschnitte setzen?

c Im Text findest du Wiederholungen: „Sachen", ...

d Überarbeite Jessicas Textentwurf.

e Warum hat Jessica in den Zeilen 1, 2, 3, 7 und 11 Kommas gesetzt?

f Überprüfe auch die Schreibweise der Zeitangaben, z. B. *morgens*. Was stellst du fest?

3 Zwischen Bett und Schule

Die Zeit zwischen Bett und Schule sieht bei jeder Schülerin und jedem Schüler anders aus. Manche haben einen kurzen Schulweg und andere fahren täglich lange mit dem Bus. Oft sind solche Dinge unbekannt. Wenn wir aber mehr voneinander wissen, lernen wir einander besser verstehen.
Annette schreibt über die Zeit vor Schulbeginn:

> Heute Morgen wurde ich um 6.55 Uhr unsanft aus dem Schlaf gerissen. Wir hatten verschlafen, weil der Wecker nicht richtig gestellt war. Ich sprang also aus dem Bett und zog mich in Windeseile an. Meine Mutter hatte in der Zwischenzeit das Frühstück gemacht. Ich aß rasch, und als ich fertig war, ging ich ins Bad und putzte meine Zähne. Aber da war es auch schon 7.15 und ich musste los. Ich packte noch schnell mein Vesper ein und sauste aus dem Haus.
> Aufgeregt wartete ich an der Ampel, bis ich die Straße überqueren konnte. Ich rannte, so schnell ich konnte, und kam gerade noch beim ersten Läuten an. Da war ich ganz außer Atem und musste mich hinsetzen.

a Worüber informiert Annette?
Was ereignet sich täglich? Was hat sie nur an diesem einen Tag erlebt? Lege einen Stichwortzettel an.

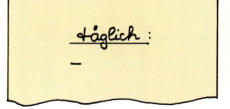

b In welchem Tempus stehen die Verben?

c Bei Klaus ging es anders zu:

> Um 6.32 Uhr weckte mich mein Wecker. Es klingelte wie verrückt. Da schlug ich ihm einen auf den Kopf und stand auf. Ich stellte das Radio an und ging in das Bad. Danach frühstückte ich. Ich trank eine Tasse Kakao und aß dazu ein Brot. Die Mutter hatte schon alles gerichtet. Schließlich musste ich noch die Zähne putzen und mich kämmen. Als dies geschehen war, steckte ich das Schoki-Geld ein und holte mein Fahrrad. Das Schutzblech klapperte ein bisschen, aber nachdem ich die Schraube wieder angezogen hatte, klapperte nichts mehr. Wie jeden Tag holte ich Bernd und Heinz ab.

> Django bellte heute nicht. Er ließ Ohren und Schwanz hängen und schaute mich nur traurig an. Das kam mir seltsam vor. War er wegen irgendetwas verstimmt? Dann jagte er die Katzen, die seine besonderen Freundinnnen sind. Als Heinz aber kam, fing er an...

– Wo berichtet Klaus, wo gerät er ins Erzählen?

d Berichte kurz über das Thema „Zwischen Bett und Schule".

Tipps:
- den Leser informieren: **Wer? Was? Wann? Wo? Warum?**
- den Ablauf des Geschehens in Stichworten notieren
- die Reihenfolge des Geschehens prüfen
- den Bericht kurz und sachlich halten
- das Präteritum verwenden

e Vergleicht eure Texte. Nehmt die Tipps zu Hilfe.

f Themenbeispiele:
- Ein Abend im Verein
- In der Bibliothek
- Beim Einkaufen
- In der Musikschule
- ...

Worüber willst du berichten?

4 Der Elefant im Safaripark

Mein Freund besuchte mit Frau, Tochter und Sohn den Safaritierpark bei Brunen. Es war ein wundervoller Tag und er war in Geberlaune. Seine Frau hatte dafür gesorgt, dass Obst und Nüsse zum Füttern der Tiere im Auto waren. Sie lasen die Hinweise auf den Schildern, dass das Füttern verboten sei und die Fenster geschlossen gehalten werden sollten, aber natürlich hielten sie sich nicht daran. Die erste Überraschung erlebten sie bei den Affen. Plötzlich war ein kleiner Frechling von Pavian auf dem Schoß der Frau meines Freundes, mopste zwei Bananen und verschwand. Es war amüsant, aber man entschloss sich, wenn Affen in der Nähe waren, nur Nüsse durch einen Fensterspalt zu werfen. Die Familie war noch nie in diesem Wildpark gewesen, war aber ganz begeistert. Ein halbwüchsiger Elefant hatte es den Kindern besonders angetan. Er nahm gerne die gereichten Früchte. Als es ihm nicht schnell genug ging, war plötzlich sein Rüssel im Auto. Die Tochter drehte im höchsten Maße erschreckt die Scheibe wieder hoch. Dies fand nun das Tier befremdlich und drückte mit seinem Knie gegen die Tür, die ihre ursprüngliche Form verlor. Geistesgegenwärtig beugte sich der Sohn über die Schwester und drehte das Fenster wieder herunter, sodass der Elefant seinen Rüssel wieder herausziehen konnte ohne noch mehr Schaden anzurichten. Dankbar zeigte sich das Grautier jedoch nicht und schlug noch einmal kurz auf das Dach des Wagens. Das Blech gab nach und der Wagen hatte eine weitere Delle. Gefüttert wurde nicht mehr. Aus dem Park herausgekommen ging mein Freund zur Verwaltung und schilderte sein Missgeschick. Er erkundigte sich nach der Haftpflichtversicherung der Safarigesellschaft, blitzte aber ab. Man verwies auf die Schilder: Füttern verboten und Fenster geschlossen halten. Die Familie hatte das Bedürfnis sich von diesem Schreck erst einmal zu erholen, und so stärkte sie sich in der nächsten Gaststätte. Meinem Freund war der Appetit vergangen. Er trank zwei Glas Bier und hatte genug.

Der Heimweg gestaltete sich zunächst ruhig, hielt aber doch noch einige Überraschungen parat: Es war März. Im Hamburger Raum hatte es am Tage geregnet und abends gab es einen Frosteinbruch. Wie man später der Zeitung entnehmen konnte, waren nördlich des Horster Dreiecks ca. 30 Fahrzeuge aufeinander gefahren. Ein wenig Nebel spielte wohl auch noch mit. Mein Freund hatte Glück, er konnte den Wagen rechtzeitig abbremsen und auf die Standspur ausweichen. Die Polizei, Feuerwehr und Abschleppdienste waren gut beschäftigt. Einer der protokollierenden Beamten wandte sich an meinen Freund und meinte, er sei gut davongekommen. Der Ordnung halber wollte er aber auch seinen Schaden registrieren. Mein Freund meinte, das sei nicht nötig, das hätte ein Elefant verursacht. Der Polizist sah ihn merkwürdig an, sprach von Unfallschock und bat ihn mit zum Dienstwagen zu kommen.

Mein Freund musste ins Röhrchen pusten und aufgrund der zwei Beruhigungsbiere war er seinen Führerschein los und bekam eine Anzeige wegen Beamtenbeleidigung.

R. W. Brednich

a So ein Pech! Wie konnte es so weit kommen?

Stichwortzettel **b** Diese Geschichte soll als kurze Nachricht in die Zeitung. Schreibe dazu das Geschehen stichwortartig heraus.

Im Safaripark
- *Familie besucht Safaripark*
- *Füttern und Fensteröffnen verboten*
- *Mutter hielt sich nicht daran*
- *...*

Du kannst so beginnen:

Brunen. Weil Familie X beim Besuch des beliebten Tierparks die Hinweise auf den Schildern nicht beachtete, erlebte sie einige Überraschungen. Als sie zu den Affen kam, saß ein kleiner Pavian plötzlich ...

Adverbiale Bestimmung → S. 145

c Überprüfe deinen Text.
– Gibt dein Text Antworten auf die Fragen:
   Wer? – Wann? – Wo? – Was? – Warum?
– Hast du überall das richtige Tempus gewählt? Hilfe:

Infinitiv	Präteritum	Plusquamperfekt
halten	er hielt	er hatte gehalten
öffnen	sie öffnete	sie hatte geöffnet
...		

d Aus Alexanders Zeitungsbericht

A
wer?
Zt

Oberdingen Eine Familie besuchte den Safaripark in Y. Weil sie viel Tierfutter mitbrachte, wurden die Tiere zudringlich. Ein junger Elefant langte sogar durch das offene Autofenster in die Futtertüte. Da erschrak die Tochter und drehte die Scheibe hoch. Dabei klemmte sie den Rüssel des Elefanten ein. Der wehrte sich und verbeulte die Tür und das Dach des neuen Wagens.
Weil sie keine Entschädigung bekamen, hat der Vater dann einige Bierchen getrunken. Deshalb musste er später den Führerschein abgeben und noch eine Strafe bezahlen. Und das passierte alles nur, weil sie nicht beachteten, dass die Tiere nicht gefüttert werden dürfen.

– Verbessere den Text. Die Anmerkungen und Unterstreichungen helfen dir dabei.

Informieren

5 Bunt und interessant

Texte unter dieser Zeitungsrubrik wollen informieren und unterhalten.

a Hier könnte der Text so beginnen: *Brunen* (dpa). Eine ungewollte „Liebkosung" erfuhr ein Auto von einem Elefanten. Familie X besuchte den beliebten Tierpark …

b Schlagzeilen, Schlagzeilen

Dickhäuter von zarter Hand gefüttert

Elefant formt Auto

Wegen Elefant Führerschein weg

Folgenschweres Missverständnis

Elefant tritt zu

Elefantenfuß stärker als Autoblech

– Welche Schlagzeile reizt zum Lesen deines Textes?

c Wörter zum Üben, Einprägen und Kontrollieren

Substantive	Verben	Adjektive
der Affe	abblitzen	amüsant
der Appetit	beugen, sich	befremdlich
das Bedürfnis	drehen	dankbar
die Delle	erkundigen, sich	geistesgegenwärtig
der Frosteinbruch	mopsen	halbwüchsig
die Gesellschaft	protokollieren	merkwürdig
das Maß	pusten	niedlich
das Missgeschick	schildern	schädlich
der Rüssel	verlieren	ursprünglich
der Schaden	verschwinden	nötig

4. Was es für uns in unserem Ort gibt – Dokumentieren (FTh)

Mit Informationen umgehen

1 Volker ist es langweilig, Susi und Andrea geben Tipps.

Am Wochenende fahren wir endlich wieder nach … Da ist was los.

Wir bleiben hier und erleben auch viel.

Das meine ich auch. Ich lebe hier manchmal schon richtig im Freizeitstress.

Volker: „Das ist mir neu. Was soll bei uns schon los sein?"
Susi: „Na, hör mal, schließlich gibt es bei uns die Pfadfinder, das Kino, die Jugendmusikschule. Außerdem besuche ich gerne meine Freundinnen…"

a Susi ist anderer Meinung als Volker. Was meint ihr dazu aus den Erfahrungen an eurem Ort?

b Alle merken ziemlich rasch, dass sie nicht alle Angebote kennen. Wie geht es euch?

c Gemeinsam mit Volker beschließen sie sich genauer zu informieren. Die Arbeitsergebnisse wollen sie als Klassenzeitung (Prospekt) den anderen Schülerinnen und Schülern zur Verfügung stellen. Dazu bilden sie in der Klasse Gruppen und tragen Informationen zusammen. Volker, Andrea und Susi übernehmen die Leitung der Gruppen.
— Schreibt den folgenden Cluster gemeinsam auf ein möglichst großes Blatt Papier und bildet dann Gruppen, die Teilaufgaben für eure Klassenzeitung oder euren Prospekt übernehmen.

Informieren

2 Susis Gruppe führt eine Umfrage durch

Susi entwirft mit ihrer Gruppe einen Fragebogen.

> Liebe Mitschülerinnen, liebe Mitschüler!
>
> Wir wollen herausfinden, wie wir in der Gemeinde unsere Freizeit gestalten können. Schreibt bitte auf, wie ihr eure Freizeit verbringt: Ordnet die Stichwörter bitte nach der Wichtigkeit.
> Vielen Dank für eure Mitarbeit.
>
> 1. _____
> 2. _____
> 3. _____

So sehen einige Antworten aus:

schwimmen
einkaufen
Bücherei
Kino
Spielplatz
Jugendhaus
Billard
Schloss besichtigen
Musik hören
Eis essen
Landschaft anschauen
BMX fahren
Skateboard fahren

Schaufenster anschauen
ins Jugendzentrum gehen
Stadtbummel machen
mit Kumpels schwätzen
Eis essen
ins Schwimmbad gehen

zum Baden gehen
Fußball spielen
in die Bücherei gehen
Tischtennis spielen
auf die BMX-Bahn gehen
ins Jugendhaus gehen
in den Musikladen gehen

Sportvereine
Trimm-dich-Pfad
BMX-Bahn
Einkäufe
Bücherei
Kino
Schwimmbad
Eis essen

a Susis Gruppe hat es nicht leicht, diese Stichworte zu ordnen und in Gruppen zusammenzufassen.
 – Diskutiert in eurer Gruppe, ob die Schülerinnen und Schüler die Fragen so offen wie in diesem Beispiel stellen oder ob sie Vorgaben machen sollten. Anregungen könnt ihr euch auf der Seite 57 holen.

b Was würdet ihr aufschreiben? Führt eine Umfrage durch.

c Susis Gruppe fasst die Antworten auf den Fragebögen unter fünf Oberbegriffen zusammen.

gelegentliche Aktivitäten	kulturelle Angebote	öffentliche Einrichtungen	?	?
Eis essen	Theaterbesuch	zur Bücherei gehen	zum Schwimmen gehen	DLRG-Abend
...	...	...	...	...

— Welche Oberbegriffe muss sie in die beiden letzten Spalten eintragen?
— Einige Angaben (Freunde besuchen, Computerspiele machen) hat sie weggelassen. Andere Angaben hat sie zusammengefasst (Schaufenster anschauen ≅ Stadtbummel machen). Bist du damit einverstanden? Könnte sie die Sportarten zusammenfassen? Welche Vor- und Nachteile hätte dies?
— Ist das Eisessen eine Freizeitbeschäftigung?
— Tragt die Antworten, die ihr auf Seite 56 findet, in eine ähnliche Tabelle ein.
— Susi stellt die Ergebnisse der Umfrage als Diagramm dar. Welche Überschrift passt dazu?

1. gelegentliche Aktivitäten
2. kulturelle Angebote
3. öffentl. Einrichtungen
4. ???
5. ???

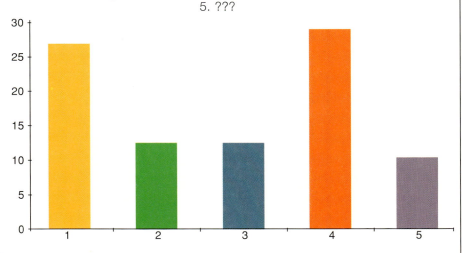

d Fasst die Antworten aus eurer Umfrage in einem Diagramm zusammen.

> Tipp:
> Wenn ihr weniger als sieben Oberbegriffe darstellen wollt, könnt ihr auch die Form des Kreisdiagramms wählen. Mehr Oberbegriffe würden ein solches Diagramm unübersichtlich machen.

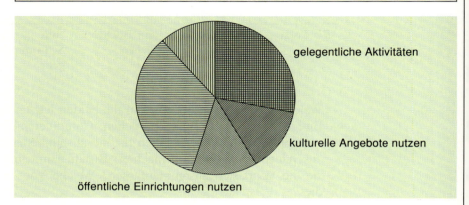

e Wenn ihr die Möglichkeit habt mit einem Computerprogramm zu arbeiten, könnt ihr das Diagramm mit dem Programmteil „Tabellenkalkulation" erstellen. Dazu ein Beispiel:

3 Andrea sucht mit ihrer Gruppe in der Tageszeitung, im Gemeindeblatt, im Stadtführer… nach Freizeitangeboten. Sie werten gemeinsam das Material der Kurverwaltung aus. Damit sie auch später noch wissen, woher die Informationen stammen, geben sie die Quelle an.

Wir laden Sie ein

Gemütliche Hotels, Pensionen, Gästehäuser, Privatzimmer und Ferienwohnungen.

Kur, Erholung, Sport, Wanderparadies – zu jeder Jahreszeit!

Schwimmen bei jedem Wetter

im höchstgelegenen beheizten Freischwimmbad Deutschlands (17,5 x 50 m) mit Schwimmkanal in die beheizte Liegehalle.

Umfangreiche Kenntnisse über den Wald vermittelt Ihnen unser **Waldlehrpfad mit Waldquiz** ab Wanderparkplatz Kreuzstein.

Außerdem stehen zur Verfügung:

Tennisplätze, Hallenbäder, Kegelbahnen, Miniaturgolf-Turnieranlage, Kinderspielplätze, Bodenschach, Tischtennis, Wald- und Wanderparkplätze, über 120 km markierte Wanderwege, geführte Wanderungen, Terrainkurwege, Trimm-Park, Skilift, Skischule, Langlaufloipen, Loipenhaus, Rodelbahn, Ski- und Rodelverleih, gebahnte Wanderwege, täglich Tanz, Sonderveranstaltungen der Kurverwaltung, Trachten- und Heimatabende, Theatergastspiele, Wandernadel in Silber und Gold, Sportprogramme.

Haus des Gastes mit großem Kursaal und Bühne (bis 600 Sitzplätze), Aufenthalts- und Leseraum, Tagungsräume, Kurverwaltung, große Sporthalle mit Tennisbetrieb, leistungsfähiges Restaurant mit großer Freiterrasse.

Ein **gemeinsamer Freizeitpass** mit den umliegenden Kur- und Ferienorten bietet zahlreiche Vergünstigungen und Ermäßigungen.

Kurmittel: Kneippanwendungen, med. Bäder, Sauna, Massagen, Unterwassermassagen, Bindegewebemassagen, Krankengymnastik, Inhalationen, Atemgymnastik, Bewegungstherapie, Terrainkuren, Diätbehandlung, Naturheilverfahren, Sauerstoff-Mehrschritt-Therapie.

Kurpauschalen, Wanderwochen-Angebote

Angebote für Jugendliche

(Quelle: Prospekt der Kurverwaltung)

- *Freischwimmbad (ganzjährig)*
- *Tennisplätze*
- *Hallenbäder*
- *…*

a Vervollständige den Stichwortzettel.

b Besorgt euch Prospekte aus eurer Heimatgemeinde und legt ähnliche Stichwortzettel an.

c Andreas Gruppe kartiert die Sportstätten:

A. Sportstätten

Argensporthalle, Kanalinsel
Berger-Höhe-Sporthalle
Ebnet-Sporthalle, Danneckerweg 50
Prassbergturnhalle, Pfannerstr. 56
Städt. Sporthalle, Jahnstr. 9
Allgäu-Stadion, Liebigstr.
Hartplatz Waltersbühl
Gehrenbergsportplätze
Fußballplätze im Vorderen Ebnet
Minigolfplatz, Guggerberg
Tennisplätze des Tennisklubs Wangen, Waltersbühl
Tennishalle Waltersbühl GmbH, Pfannerstr. 58
Trimm-Dich-Pfad, Hasenwald

B. Schwimm- und Bewegungsbäder

Städt. Freibad Stefanshöhe, beheizt, Burgelitz 15 (über Leutkircher Str.)
Lehrschwimmbecken Berger-Höhe-Schule, Nieratzer Weg 1
Gästehaus Waldberghof, Hallenbad, Wangen-Herfatz, Am Waldberg 9

– Besorgt euch einen Stadtplan und kartiert die Sportstätten eurer Heimatgemeinde. Ihr könnt die Lage der Vereinsheime, der Kinderspielplätze usw. eintragen. Benutzt dazu auch eure Stichwortzettel.

d Und so stellen sie die Ergebnisse ihrer Arbeit aus:

Nichts los in unserer Gemeinde?

Ihr könnt:

Sport treiben	Freunde in Vereinen treffen	? ? ?
im Fußballverein	in der Jugendgruppe	Bücherei besuchen
im Tischtennisklub	bei der Jugendfeuerwehr	
…	…	…

– Schreibt für eure Heimatgemeinde eine ähnliche Aufstellung.

4 Volker und seine Gruppe bitten in Briefen um Informationen

> Sportverein TG XX
> Josef Renner
> Hauptstr. 12
>
>
> XXXXX XXXXXXXXXX
>
>
> Sehr geehrter Herr Renner!
>
> Wir, die Klasse 7c der Realschule XXX, wollen unsere Mitschülerinnen und Mitschüler über die Möglichkeiten der Freizeitgestaltung in unserer Gemeinde informieren. Eine Umfrage in der Klasse zeigt, dass die Vereine eine große Rolle für die Jugendlichen spielen. Wir wissen aber noch ziemlich wenig über das Vereinsleben.
>
> Deshalb bitten wir Sie um einige Informationen über den Sportverein:
>
> – Welche Angebote für Jugendliche gibt es in Ihrem Verein?
> – Wer kann Mitglied werden?
> – Können Sie uns den Trainingsplan einer Abteilung zusenden?
>
> Für Ihre Bemühungen danken wir im Voraus.
>
> Mit freundlichen Grüßen

a Schreibt Briefe an einige Vereine.

> Tipps:
> - Absender, Anschrift, Anrede und Schlussformel beachten
> - sich vorstellen
> - sein Anliegen vorbringen
> - sich bedanken

Informationen beschaffen

b Auch von der Stadtverwaltung könnt ihr wichtige Informationen erhalten (Stadtjugendring, Haushaltsplan …). Informiert euch im Gemeinschaftskundeunterricht über die verschiedenen Ämter und überlegt, welche euch Informationen liefern können.

C Herr Renner legte seinem Antwortbrief einen Trainingsplan bei, den die Gruppe auswertet:

TURNERSCHAFT SÜDSTERN 1861 e.V.

ÜBUNGSZEITEN - Trainingsplan

Turnen

		- Draisschule -
Montag	18.15 - 19.15 Uhr	Schülerinnen 6-10J., Gym., Geräte, Spiele
	19.15 - 20.15 Uhr	Schülerinnen 11-14J., Gym., Geräte, Spiele
	19.15 - 20.10 Uhr	Schülerinnen - Leistungsgruppe
	20.00 - 22.00 Uhr	Freizeitsport - Neue Halle
	20.15 - 22.00 Uhr	Turnerinnen ab 15 J.,Gym. u. Geräte
Dienstag	18.15 - 19.15 Uhr	Schüler 6-10J., Gym., Geräte
	19.15 - 20.00 Uhr	Schüler 11-14J., Gym., Geräte
Donnerstag	20.15 - 22.00 Uhr	Hausfrauengymnastik und Spiele
		- Siemensschule -
Mittwoch	18.00 - 19.00 Uhr	Schüler 7-11 J., Gym., Geräte, Spiele
	19.00 - 20.00 Uhr	Schüler 12-14 J., Jugend
Freitag	18.00 - 19.00 Uhr	Schülerinnen 6-10 J.
	19.00 - 20.00 Uhr	Schülerinnen 11-14 J.
	20.00 - 22.00 Uhr	Jugendturnerinnen (Leistungsgruppe)
	20.30 - 22.00 Uhr	Jazz - Gymnastik
		- Humboldtgymnasium -
Dienstag	18.00 - 19.00 Uhr	Kl. Kinder
	20.00 - 22.00 Uhr	Hausfrauengym., Spiele, kl. Halle
Donnerstag	20.15 - 22.00 Uhr	Hausfrauengym., Geräte, Spiele, Freizeitsp.

Volleyball

		- Humboldtgymnasium -
Dienstag	19.00 - 20.00 Uhr	Männer, Frauen, Mannschaft
Mittwoch	20.30 - 22.00 Uhr	Männer allgemein
Donnerstag	20.30 - 22.00 Uhr	weibl. allgemein
	19.00 - 20.00 Uhr	weibl. Fortgeschrittene
		- Siemensschule -
Mittwoch	20.00 - 22.00 Uhr	Männer

LEICHTATHLETIK

		- Draisschule -
Dienstag	19.00 - 20.00 Uhr	
		- Carl - Benz - Halle -
Freitag	19.00 - 22.00 Uhr	Schüler und Schülerinnen Jugend, männl. und weiblich
		- Siemensschule -
Freitag	20.00 - 22.00 Uhr	Frauen und Frauen AK

HANDBALL

		- Carl - Benz - Halle -
Dienstag	20.00 - 22.00 Uhr	Senioren
Freitag	19.00 - 22.00 Uhr	Frauen
		- Sporthalle Turnerschaft -
Dienstag	17.00 - 19.00 Uhr	Mädchen
Mittwoch	17.00 - 19.00 Uhr	Männliche Jugend

Möglichkeiten im Sportverein:

(Quelle: Antwortbrief des Sportvereins)

- Turnen: Mo, Di, Mi, Fr
- Leichtathletik: Fr
- ...

– Vervollständigt den Stichwortzettel.
– Schreibt einen ähnlichen Stichwortzettel für euren Sportverein.

5 Mit Fotos lockern sie den Text auf

Susis Gruppe fotografierte inzwischen Freizeiteinrichtungen in der Gemeinde. Sie stellt zwei Beispiele vor:

a Zwei Vorschläge für die Bildunterschrift:

- Öffnungszeiten:
Dienstag	14.00 – 18.30 Uhr
Mittwoch	9.00 – 18.30 Uhr
Donnerstag	14.00 – 18.30 Uhr
Freitag	9.00 – 12.30 Uhr
Samstag	9.00 – 12.30 Uhr

- Hier kann man toll schmökern!

– Welcher Vorschlag für die Bildunterschrift gefällt euch besser?

b

– Sucht einige passende Bildunterschriften.

c Fotografiert Freizeiteinrichtungen in eurer Gemeinde und schreibt passende Bildunterschriften dazu.

6 Sie stellen ihre Informationen den anderen zur Verfügung

Alle haben nun eine Menge Stichwortzettel, Zeitungsartikel, Fotos, mit denen sie einen Prospekt oder eine Wandzeitung gestalten. Dazu brauchen sie eine große Überschrift, Zwischenüberschriften und kurze Texte. Sie machen sich auch Gedanken über die grafische Gestaltung. Im Fach Bildende Kunst können sie viele Anregungen erhalten.

a Sucht einen geeigneten Titel für euren Prospekt oder eure Wandzeitung.
b Legt ein Inhaltsverzeichnis an.
c Alle Seiten eures Schulbuches sind nach einem bestimmten Muster gestaltet. Sucht nach Ähnlichkeiten und gestaltet eine Seite eures Prospektes nach diesem Schema.
d Entwerft für euren Prospekt ein neues Muster.

Umgang mit anderen

1. Meine Meinung, deine Meinung – Diskutieren

1 Musik mitten im Kopf – der Walkman

Walkman – find ich super! Da bin ich immer gut drauf!

a Hast du einen Walkman? Was gefällt dir daran?

2

Susanne M., Schülerin

Meine Lieblingsbeschäftigung ist es, beim Fahrradfahren Walkman zu hören. Ich weiß, dass ich mit meinem Walkman schneller fahre, denn ich werde von der Musik angetrieben.

Mark G., Mediziner

Vom ständigen Walkmanhören wird man schwerhörig, weil die Musik oft zu laut ist. Das Gehör wird überreizt, denn es muss neben Alltagsgeräuschen auch noch Dauermusik verkraften.

Jana M., Verkäuferin in einem Modefachgeschäft

Viele Jugendliche hören Walkman, wenn sie bei uns nach neuen Kleidern schauen. Frage ich, ob ich behilflich sein kann, reagieren sie gar nicht. Ich habe immer das Gefühl, als wäre ich für sie Luft.

Jan M., Mitarbeiter der Verkehrsbetriebe

Viele Fahrgäste fühlen sich durch die Restgeräusche des Walkmans gestört. In öffentlichen Verkehrsmitteln sollen deshalb keine Kopfhörer mehr benutzt werden.

a Alle haben eine andere Meinung über den Walkman. Wie werden diese Meinungen begründet?

b Du kennst sicher andere Meinungen darüber. Notiere sie, begründe sie und trage sie in eine Tabelle ein.

Beispiel:

Behauptung	Begründung
Vom ständigen Walkmanhören wird man schwerhörig,	*weil* die Musik zu laut ist.
…,	*denn* …
…,	*damit* …

> Die Wörter *weil, denn, damit, dass, wenn* verknüpfen Sätze miteinander. Man nennt sie **Konjunktionen**.

c Alle schreiben ihre Meinung über den Walkman groß auf ein DIN-A4-Blatt. Hängt eure Texte aus und besprecht sie.

d Statt der Aufgabe **c** könnt ihr diese Aufgabe behandeln: Du wünschst dir einen Walkman. Deine Eltern sind dagegen. Spielt dieses Gespräch.

- verschiedene Meinungen vortragen
- Gegenmeinungen widerlegen
- sich bei Vorwürfen rechtfertigen oder die Sache klären

3 Der Walkman

Einleitung

Der Walkman ist bei Jugendlichen sehr beliebt, besonders in der Altersgruppe der 12- bis 15-Jährigen. Die Mehrheit der Jugendlichen besitzt ein solches Gerät. Was macht den Walkman so attraktiv?

Gründe „für"

Der Walkman ist vergleichsweise billig zu haben und liefert auch bei nicht so teuren Geräten einen guten „Sound". Er ist ortsungebunden und kann überall mitgenommen werden: zum Stadtbummel, zum Spaziergang, zum Radfahren und Joggen, ins Klassenzimmer. Der Kopfhörer macht es möglich, Musik zu hören ohne den Nachbarn zu stören.

Gründe „gegen"

Angesichts des steigenden Lärmpegels unserer Umwelt liegt es nahe, den Walkman zu nutzen um den Lärm mit Musik zu verdrängen. Die Benutzerinnen und Benutzer sind damit taub. Durch den Kopfhörer nehmen sie die hörbare Umwelt nicht mehr wahr. Als Folge davon macht sie der Walkman stumm. Weil sie ihre Umwelt nicht mehr hören können, können sie auch nicht mehr sprachlich reagieren. Die Welt wird zum Stummfilm mit musikalischer Untermalung. Wie sehr sich die Welt bereits an den Walkman gewöhnt hat, zeigt sich daran, dass man, obwohl stumm und taub, damit Einkäufe macht, Fahrkarten löst und, und, und.

Schluss

Die Sprache wird allmählich überflüssig, „out", aber der Walkman bleibt „in".

a Trage die wichtigsten Aussagen stichwortartig zusammen und ordne nach Vor- und Nachteilen.

b Walkmen sind heute unentbehrlich. Entwirf ein Werbeplakat, auf dem die Vorteile eines Walkmans angepriesen werden.

c Ein Vater/eine Mutter warnt in einem Leserbrief.

> Als Vater (als Mutter) einer(eines) Dreizehnjährigen kann ich nur vor der Anschaffung eines Walkmans warnen. Seitdem unsere Tochter (unser Sohn) ein solches Gerät hat,...

– Schreibe den Brief weiter. Du kannst dich an die Gliederung des Textes halten.

Vorwürfe und Gegenvorwürfe

4 Musik liegt in der Luft

> Vorwürfe, Ermahnungen, Ratschläge?
> Gerade erst angekommen lässt er die Musik laufen!
> Mach deine Tür zu, wenn du diesen Lärm hörst!
> Du wirst noch schwerhörig!
> Kannst du nicht einmal ohne diese aggressive Musik auskommen?
> Du kannst dich ja gar nicht mehr konzentrieren!
> Jetzt ist Schluss mit dieser Musik, entspanne dich endlich einmal!

Uff, immer das Gleiche!

Zornig knallt er seine Zimmertür zu und dreht seine Musik laut auf. „Ich höre, was ich will und so laut ich will! Schließlich bin ich kein kleines Kind mehr."

a Hat Matthias Recht mit seiner Einstellung zum Musikhören? Was meint ihr?

b Geht es dir auch manchmal so?
 – Welcher Vorwurf ärgert dich besonders?
 – Für welche Äußerungen hast du Verständnis?

c Man kann ja miteinander reden.

Muss immer dieser Lärm sein?

Stell doch bitte leiser!
Du machst dir noch dein Gehör kaputt.

Sei so gut! Wir können uns kaum unterhalten.

Wenigstens beim Aufgabenmachen könntest du den Krach abstellen!

Umgang mit anderen

Entschuldigung! Ich hab nicht gemerkt, dass es so laut ist.

Die Musik regt mich echt an. Da bin ich gut drauf. Aber etwas leiser, das lässt sich machen.

Wieso Lärm? – Ihr seht doch auch den Mitternachtskrimi bei voller Lautstärke.

Wenn ich nicht voll aufdrehen kann, höre ich die Feinheiten des Schlagzeugs nicht.

- Welche Äußerungen passen zusammen?
- Wie gehen die Gesprächspartner miteinander um und aufeinander ein? Wo wird aufgefordert, wo abgelehnt, wo sachlich geklärt, wo zugegeben, wo zurückgewiesen? Wo entschuldigt sich jemand oder wo rechtfertigt sich jemand?

d Manchmal kann man nicht ruhig über seinen Standpunkt sprechen. Kläre, weshalb *du* gern laute Musik hörst.

e Eltern unterhalten sich:

„Man kann schon einmal laute Musik hören, aber es sollte nicht zur Gewohnheit werden. Außerdem ist das nicht nötig, denn unsere Tochter hat eine gute Stereoanlage. Wozu haben wir die teuren Boxen gekauft?"	„Ich denke eigentlich nicht nur an die momentane Situation; stell dir vor, sie wohnt später einmal in Untermiete und hat nie gelernt Rücksicht auf andere zu nehmen, dann wäre eine Kündigung schnell da."	„Ist dir nicht auch aufgefallen, dass unsere Tochter immer aggressiv ist, wenn sie direkt nach der Schule so laute Musik hört? Zur Konzentration trägt die laute Musik auch nicht gerade bei."

- Wie schätzen die Eltern ihre Tochter ein?
- Welche Begründungen für und gegen lautes Musikhören kommen zur Sprache?

f Eine Argumentationskarte

> **Behauptung** Aggressive, laute Musik vor dem Schlafengehen ist schädlich.
> **Begründung** Man kann nicht einschlafen, weil man wieder Reizen ausgesetzt wird. Am nächsten Tag ist man dann müde und unkonzentriert.

- Schreibt eure Argumente zum Thema **„Lautes Musikhören"** nach diesem Muster auf ähnliche Karten (Behauptung, Begründung).

5 Musik oder Lärm?

Pink Floyd erreicht 111 Dezibel

Sacramento (AP). Die Rockgruppe Pink Floyd hat mit einem Konzert gegen die Lärmschutzbestimmungen der kalifornischen Hauptstadt Sacramento verstoßen. Einer gerichtlichen Vorladung entgingen die Mitglieder der Gruppe nur durch eine rechtzeitige Abreise. Bei dem Konzert im Stadion Sacramentos wurden in der Umgebung bis zu 111 Dezibel gemessen. Wie der für Umwelt und Gesundheit zuständige Beamte der Stadt erklärte, entspricht dies dem Lärm eines startenden Düsenjets in 200 Meter Entfernung. Die Veranstalter erhielten eine gerichtliche Vorladung. Verstöße gegen den Lärmschutz können mit hohen Geldstrafen und einem Jahr Gefängnis bestraft werden.

a Ist es richtig, dass die Veranstalter des Konzerts eine gerichtliche Vorladung erhielten? Was meint ihr dazu?

b Weshalb ziehen Konzerte mit lauter Musik so viele Besucherinnen und Besucher an?

c Warst du auch schon auf einem Openairkonzert? Berichte.

6 Volle Lautstärke, frühe Schäden

DEZIBEL (dB): Die Stärke von Geräuschen wird in Dezibel gemessen. Sie reicht von der Hörgrenze 0 bis zur oberen Grenze 120, bei der das Ohr schmerzt und Schaden erleidet. Ein Mofa erzeugt beispielsweise bei normaler Fahrt ein Geräusch von etwa 70 dB, ein Benzinrasenmäher etwa 80 dB. Es existiert eine Vorschrift über die Grenzwerte für zulässige Lärmbelastung. Bei Überschreitung dieser Grenzwerte muss ein Arbeitgeber entsprechende Maßnahmen treffen:

- Bei 85 dB müssen Schutzmaßnahmen getroffen werden.
- Bei 90 dB müssen die Lärmbereiche beschildert werden, die Arbeitnehmer müssen Lärmschutz tragen.

Achtung:

- Schon unter 75 dB können Lärmschäden auftreten.
- Bereits ab 75 dB entstehen Hörschäden.
- Ab 95 dB tritt Gehörgefährdung auf.

> **Rockkonzert:**
> *Los Kravallos*
> Wir powern für euch!
> Garantiert bis zu 125 dB!

> **Nyso, der Superwalkman,**
> **erreicht 110 dB**

> **Disko-Cool:**
> Erlebt bei uns –
> 100 dB in euch!

> *Carlos bietet:*
> *Stereoanlage mit Kopfhörer*
> *Hörgenuss bei 120 dB!*

a Die Anzeigen sind sicher nicht ganz ernst gemeint. Warum?

b Vergleiche die angepriesene Lautstärke mit den Vorschriften über zulässige Lärmbelastung.

c Was müsste man tun um die zulässigen Grenzwerte nicht zu überschreiten?

d Lärm ist Schall, der belästigt oder die Gesundheit schädigt: **Ist laute Musik als Lärm zu bezeichnen?**

– Notiert Begründungen, die für und gegen diese Behauptung sprechen.

Beispiel:

- Laute Musik ist Lärm, … ↔ Laute Musik ist kein Lärm, …
- Sie stört beim Arbeiten, … ↔ Ich kann mich dabei entspannen, …
- Die Ohren tun dabei weh, … ↔ Mir macht es Spaß, …
- Man kann nicht … ↔ …

7 Hörschäden

Es gibt verschiedene Arten von Hörschäden. Allen ist jedoch gemeinsam, dass Sinneszellen im Innenohr zerstört werden:

1. Das Knalltrauma

Ursache kann ein plötzlicher Knall sein, der die kleinen Nervenzellen im Innenohr innerhalb von Sekundenbruchteilen schädigt. Manchmal bessert sich das Hörvermögen einige Tage nach dem Ereignis wieder.

2. Das Explosionstrauma

Schüsse, auch von Knallplättchen in unmittelbarer Umgebung des Ohres, bringen das Trommelfell zum Reißen, die Gehörknöchelchen verschieben sich. Die Hörstörung nimmt mit der Zeit oft noch zu.

Umgang mit anderen

3. Chronisches Lärmtrauma

Andauernder Lärm oder längerfristige Überforderung des Gehöres schädigen die Nervenzellen im Ohr. Es kommt zu allmählicher Schwerhörigkeit mit Ohrgeräuschen wie Zischen, Pfeifen oder Klingeln. Hier gibt es keine Hoffnung auf Heilung.

Untersuchungen von Jugendlichen unter 20 Jahren haben ergeben, dass ihr Gehör nur noch die Leistung des Gehörs eines 50-Jährigen bringt. Das Risiko schwerhörig zu werden tragen nicht nur Zuhörerinnen und Zuhörer, sondern alle unfreiwilligen Mithörerinnen und Mithörer. Über 10 % der Jugendlichen gelten heute schon als hörgeschädigt. Fans tun sich und ihrer Umwelt nichts Gutes, wenn sie ihre Musik voll aufdrehen, auch wenn sie sie nicht als Lärm empfinden.

a Hast du schon einmal die Reaktionen deines Gehörs bei zu lauter Musik überprüft?

b Nur mit Lärmschutz in die Disko – was meinst du dazu? Hast du bessere Vorschläge?

c Können die verschiedenen Arten von Hörschäden in der Disko auftreten? Suche entsprechende Beispiele.

8 Die Los Kravallos kommen

Aufgeregt unterhält sich die Klasse 7c, dass dieses Livekonzert ganz in der Nähe des Schullandheimes stattfindet und genau in der Zeit, in der sie da sind. Die Klasse redet mit ihrem Klassenlehrer, Herrn Locher, darüber.

Tina: Herr Locher, wir haben gehört, dass die Los Kravallos ganz in der Nähe unseres Schullandheimes auftreten. Wir haben beschlossen hinzugehen.
H. L.: Moment, was heißt beschlossen?
Max: Ja, wir sollen doch eine Gemeinschaftsveranstaltung planen.
Alice: Genau. Darum wollen wir auch gemeinsam hingehen.
H. L.: Ich höre nur immer: Wir beschließen, wir gehen.
Tina: Soll doch nur ein Vorschlag sein. Entschuldigen Sie!
H. L.: Schon gut! Wie wäre es, wenn wir zunächst darüber reden, was wir unter einer Gemeinschaftsveranstaltung verstehen?
Gabi: So einig waren wir nun auch wieder nicht. Tina und ich wollten lieber zum Reitturnier in Altloffen gehen. Da ist ein Dorffest und immer was los.
H. L.: Also, jetzt wollen wir mal in Ruhe klären, was wir zusammen unternehmen.

a Klärt die unterschiedlichen Standpunkte.

b Wie verhalten sich die verschiedenen Gesprächsteilnehmer? Lest dazu mit verteilten Rollen.

c Die Klasse muss zunächst klären, auf welchen Vorschlag sie sich einigen kann. Sammelt auf Argumentationskarten Begründungen für und gegen den Besuch des Lifekonzerts.

d Diskutiert.
Wählt dazu eine Diskussionsleitung. Eine Beobachtergruppe notiert Argumente und Gegenargumente und macht Notizen zum Verhalten der Diskussionsteilnehmer.

> Tipps:
> - sich mithilfe der Argumentationskarten auf die Diskussion vorbereiten
> - auf den/die Vorredner eingehen (z. B. *„Du hast das gesagt, ich möchte dazu …"*)
> - einem Beitrag widersprechen (*„Ich bin nicht deiner Meinung, denn …"*)
> - einen Beitrag unterstützen (*„Sonja hat gesagt…, das meine ich auch, weil …"*)
> - neue Gesichtspunkte einbringen (*„Bisher haben wir nur … geredet. Niemand hat aber zu dem Punkt … etwas gesagt."*)

e Ihr könnt auch einige Schülerinnen und Schüler bestimmen, die eure Diskussion beobachten. Sie sollen notieren:
– Welche Begründungen wurden genannt?
– Wie sind die einzelnen Teilnehmerinnen und Teilnehmer aufeinander eingegangen?

f Versucht auch in einer Diskussion höflich miteinander zu reden: ausreden lassen, sachlich bleiben, mit dem Namen ansprechen …

g Fasst die Ergebnisse eurer Diskussion auf einem Stichwortzettel zusammen. Ihr könnt die Stichworte anschließend ordnen.

Beispiel:

1. Standpunkte
1.1 für den Besuch
1.2 gegen den Besuch
2. Ergebnisse

2. Mit Menschen anderer Kulturen zusammenleben (FTh)

1

portugiesische Großfamilie

spanischer Junge beim Korbflechten

türkisches Mädchen

Fischer am Hafen

Pétanque
Bei Pétanque handelt es sich um ein Kugelspiel in Frankreich, zu dem man sich gegen Abend trifft.

Mario, Françoise, Elena, Pedro und Siri haben verschiedene Bilder von sich mitgebracht.

a Aus welchen Lebensbereichen stammen sie?

b Welche Unterschiede zu unserer Lebensweise stellst du fest?

Informationen beschaffen

c Suche weitere Bilder, die typisch für ein bestimmtes Gebiet oder Land sind. Du kannst zeichnen oder mithilfe von Reiseprospekten, Urlaubsbildern, Postkarten, Zeitschriften, … eine Collage erstellen und erläutern.

Umgang mit anderen

2 Claudia, die an einem Frankreichaustausch teilnimmt, schreibt sehr verwundert an ihre Freundin in Deutschland:

„Nachdem ich gestern in Savigneux angekommen war, gab es Schinken mit Weißbrot. Ich hatte Hunger und aß sehr viel, die französische Familie aber nahm sich nur wenig. „Selber schuld!", dachte ich und griff ein weiteres Mal zu. Dann war ich aber satt! Ich wollte schon vom Tisch aufstehen, aber stopp – …"

a Wie wird es Claudia ergangen sein? Wie unterscheiden sich die französischen Essgewohnheiten von denen in Deutschland?

b Das englische Frühstück besteht aus porridge, ham and eggs, toast, tea, … Vergleiche mit dem Frühstück in Deutschland.

c Was weißt du aus dem Englisch- bzw. Französischunterricht vom Leben in England bzw. Frankreich? Denke an Schulalltag, Essen, Ferien, etc.

d Hast du in den Ferien schon selbst solche Erfahrungen wie Claudia gemacht? Berichte.

e
> In diesem Jahr fand unser Fastenmonat Ramadan ausgerechnet im September statt. Wie es der Koran befahl, durften wir vom ersten Tagesschimmer an, „wenn ein weißer Faden von einem schwarzen zu unterscheiden ist", bis zum Nachteinbruch nichts essen und nichts trinken. Ali musste auf seine Zigaretten verzichten. Mittags war es mir vor Hunger fast übel. Ich saß abseits, während alle aßen, und versuchte mich in ein Buch zu vertiefen. Es roch nach gebratenem Fleisch, das Wasser lief mir im Mund zusammen. Das Klappern des Geschirrs, das fröhliche Lachen und Plaudern machte mich beinahe wild. Ich fühlte mich schläfrig und matt, konnte mich im Unterricht kaum konzentrieren und meine Leistungen ließen nach.
>
> Zu Hause, nach Sonnenuntergang, stürzten wir uns auf die traditionellen Gerichte. Zuerst gab es ein Glas Milch mit Datteln und getrockneten Feigen. Dann wurde die „Harissa" aufgetischt, eine besonders nahrhafte Suppe mit Fleisch, Erbsen und Linsen. Richtig zu Abend aßen wir erst um Mitternacht. Ich schlug mir den Bauch voll und konnte anschließend nicht schlafen. Stundenlang wälzte ich mich schwitzend hin und her. Vor Sonnenaufgang fanden wir uns gähnend in der Küche ein, tranken Pfefferminztee und verschlangen riesige Mengen Pfannkuchen um Kräfte für den neuen Fastentag zu sammeln.
>
> *Federica de Cesco*

– Welchen Kulturkreis spricht der Text an?
– Was versteht man unter „Ramadan"? Schlage nach.
– Welche Informationen kannst du dem Text entnehmen? Erkundige dich auch bei deinen ausländischen Mitschülerinnen und Mitschülern.
– Ein strenggläubiger Muslim muss nach diesen Vorschriften leben. Welche Probleme können deshalb auf ausländische Mitschülerinnen und Mitschüler hier in Deutschland zukommen?

3 Sandra hat einen französischen Brieffreund. Ungeduldig wartet sie auf Antwort von Jean. Als endlich Post aus Frankreich kommt, entschuldigt er sich und erklärt, dass in Frankreich die Schülerinnen und Schüler den ganzen Tag in der Schule sind und am Abend noch ihre Hausaufgaben erledigen müssen. Nur mittwochs kommt er früher heim, sonst isst er auch in der Schule zu Mittag.
So sieht sein Stundenplan aus:

	lundi	mardi	mercredi	jeudi	vendredi	samedi
8 h 15		maths	dessin	histoire	gym	
9 h 10	maths	allemand	anglais	histoire	musique	
10 h – 10 h 15	R E C R E A T I O N					
11 h 05	géo	géo	français	français	maths	
	français	anglais	français	allemand	anglais	
12 h – 14 h	C A N T I N E					
14 h 55	gym	travail manuel		français	sciences naturelles	
15 h 50	gym	club photo		allemand	sciences naturelles	
16 h 05						
16 h 55	allemand			maths	sciences physiques	

a Vergleicht mit eurem Stundenplan:
 – Anzahl der Wochenstunden
 – Unterrichtsfächer; hierzu einige Übersetzungen: dessin = Zeichnen, science naturelles = Naturkunde/Biologie, travail manuel = Werken/Technik
 – Nachmittagsunterricht

b Was machst du an deinen unterrichtsfreien Nachmittagen?

c Stelle einem französischen Brieffreund die Unterschiede in einem Brief vor. Was schreibst du?

d Ich bin 16 Jahre alt und lebe seit 13 Jahren in Deutschland. Mein Leben fängt an sich zu verändern; je älter ich werde, umso mehr verändert es sich. Ich habe ein Problem mit meiner Familie. Ich muss das tun, was mir befohlen wird. Ich muss sehr viel Hausarbeit machen und ich habe kein privates Leben mehr. Ich darf nicht mehr hinaus mit meinen Freunden. In der Schule darf ich keine

Ausflüge mitmachen, ich darf auch nicht mit auf Klassenfahrten. Ich muss bald heiraten und das ist sehr schlimm für mich.

– Was erfährst du aus diesem Bericht?
– Wer ist mit dem „Ich" gemeint? Du kannst dazu auch Informationen aus dem Religionsunterricht nutzen.

4 Fast jede Schule in England hatte bis vor einigen Jahren ihre eigene Schuluniform. Dazu gehörten meistens Rock und Jacke für die Mädchen, Hose und Jacke für die Jungen. Aber die Liste der Vorschriften erstreckte sich oft auch auf die Länge des Rockes, die Farbe von Hemd/Bluse, die Form der Krawatte, den Schmuck für die Mädchen, auch darauf, wie die Kleidungsstücke zu tragen waren.
Heute gibt es nur einige wenige Schulen in England, in denen die Schuluniform noch Vorschrift ist.

Grace: „Ich bin stolz an dieser Schule zu sein. Das darf man ruhig sehen."

Tom: „Ich konnte diese Gleichmacherei nie leiden. Wer genau hinsah, merkte ja doch die Unterschiede: teure Socken, verrückter Haarschnitt, bunte Schnürsenkel …"

Jack: „Mit der Schuluniform konnte man nicht erkennen, ob jemand arm oder reich ist."

Susan: „Die Uniform war altmodisch und lästig. Bevor ich die Schule betrat, zog ich die Jeans aus und den Rock an."

Dan: „Ich trug als Junge Ohrringe und Fingerringe – das war nur für die Mädchen verboten."

a Welche Gründe führten deiner Meinung nach zur Einführung der Schuluniform?

b Warum hat sich die Schuluniform bis auf einige besondere Schulen in England nicht gehalten?

c Welche Vorteile und welche Nachteile siehst du in einer Schuluniform? Schreibe einen Stichwortzettel und begründe deine Meinung.

d Bei uns gibt es auch einheitliche Kleidung in Schulen, etwa T-Shirts mit einem Emblem als Aufdruck.
Sammle Ideen, wie eine Schuluniform oder ein Emblem für deine Schule aussehen könnte. Du kannst eine Zeichnung oder eine Collage anfertigen.

5 Ein islamisches Mädchen hat mit seinen Eltern eine Auseinandersetzung wegen der Kleidung.

Als ich an einem besonders heißen Morgen eine helle Bluse anzog, sagte mein Vater ziemlich barsch:
„Zieh dir etwas anderes an! Willst du die Blicke der Männer auf dich lenken?"
5 „Aber es ist doch so warm heute!", rief ich.
„In Algerien ist es noch viel wärmer", sagte meine Mutter, „und die Mädchen bleiben züchtig gekleidet."
„Aber hast du nicht gesehen, wie die Mädchen hier herumlaufen?" [...]
Aber meine Mutter blieb hart.
10 „Wie sich die Ungläubigen anziehen, ist ihre Sache. Aischa ist Muselmanin. Gott hat ihr Bescheidenheit befohlen."
Ich wollte keinen Streit herbeiführen. So streifte ich eine Jacke und einen Rock über, der mir fast bis an die Knöchel reichte. Selbstverständlich dazu warme Strumpfhosen, durch die ich abends geschwollene Füße hatte, und
15 ein Kopftuch, unter dem in der Hitze meine Haut juckte.

nach: Federica de Cesco

Gespräch untersuchen

a Welche Meinung vertreten die Eltern, welche die Tochter?

b Warum beugt sich das Mädchen wohl der Forderung der Erwachsenen? Was nimmt es damit auf sich? Denke dabei auch an mögliche Situationen in der Schule.

c Kennst du solche Auseinandersetzungen, wenn es um deine Kleidung geht?

6

a Unser Alltag wird von anderen Kulturen beeinflusst. Schreibe dazu weitere Beispiele auf. Denke an:
 – Produkte: *Computer*, …
 – Hobbys: *Jogging*, …
 – Sprache: *Power*, …

b Das Bild zeigt einen türkischen Gemüseladen in Deutschland. Welche türkischen Spezialitäten kennst du?

Informationen beschaffen

c Suche ein ausländisches Geschäft in deiner Stadt auf und erkundige dich:
 – Wer kauft dort ein?
 – Welche Spezialitäten werden angeboten?

d Berichte der Klasse von deinen Ergebnissen. Du kannst die Spezialitäten auch zeichnen und beschreiben.

e Informiere deine Mitschülerinnen und Mitschüler über die Zubereitung eines ausländischen Gerichtes, z. B. „**Griechischer Kürbissalat**".

> **Zutaten:** 2 Tassen fein geschnittener, roher Kürbis
> 1 halbe Tasse Joghurt
> 2 Esslöffel Zitronensaft   fein geschnittener Dill
> 1 Zehe Knoblauch   Salz, Pfeffer
>
> **Zubereitung:**
> Salze den Kürbis und lass ihn zum Entwässern und Weichwerden 1/2 Stunde im Sieb. Vermische die restlichen Zutaten und schütte sie zusammen mit dem gewürfelten Kürbis in eine Schüssel. Stelle das Gericht vor dem Servieren kurze Zeit in den Kühlschrank.

Viel Spaß beim Ausprobieren!

7 Sprechblasen

– „RAP finde ich super. – Blues ist für mich total out."
– „Die heutigen Teenager stehen auf Oldies."
– „Irish Folk ist wieder in."
– „Gehst du morgen auf die World-Beat-Party?"
– „Hardrock und Funk – diese Musik ist echt heavy!"
– „Mach nicht so eine Show! Klassik popt für mich einfach nicht."
– „Tina Turner in concert. – Da muss ich hin!"

a Jugendliche benutzen bei dem Thema Popmusik eine ganz typische Sprache. Welche Gründe hat das?

b
Computer	Kebab	Leggins	Trottoir
Kiwi	Toast	Pistazien	Soße (Sauce)
Spaghetti	Zaziki (Tsatsiki)	Jeans	Cracker	Nugat (Nougat)
Parfüm (Parfum)	Skateboard	Crème fraîche	Pizza

– Unsere Sprache enthält viele Wörter aus anderen Sprachen. Woher könnten die Wörter im Kasten stammen?

c Sammelt Wörter aus Fremdsprachen zu unterschiedlichen Lebensbereichen. Legt dafür eine Tabelle an.

Musik	Essen	Kleidung/Mode	Wohnen	?	?
Disko	Polenta	Klipp	Futonbett	Leasing	
Band	Baguette	Jeans	Jalousie	TV	
…	…	…	…	…	

d Erkläre aus jeder Spalte eines der Wörter.
  – Was hältst du von der folgenden Übersetzung?
    Jeans = *blaue, strapazierfähige Hose*
    Garage = *Kraftwageneinstellhalle*

e Kennst du weitere Beispiele, bei denen eine Übersetzung unnötig oder unsinnig ist?

f Warum übernehmen wir Wörter aus anderen Sprachen?

g Innerhalb Deutschlands verwendet man häufig für dieselben Dinge unterschiedliche Wörter:
  Kren (südd., österr.) = *Meerrettich*
  Frikadelle = *Fleischküchle = Bouletten = Fleischpflanzerl*
  Ackersalat = *Feldsalat = Rapunzelsalat = Nüsslisalat*
  Saiten = *Wienerle = Frankfurter*
  Schrippen = *Semmeln = …*
  – Suche weitere Wörter, bei denen es Verständigungsschwierigkeiten geben kann.

8

Viele Schulen haben Partnerschaften mit Schulen in anderen Ländern.

a Erkundigt euch, welche Partnerschaften an eurer Schule bestehen.

Informationen beschaffen

b Informiert euch darüber, ob es in eurer Stadt, eurer Kirchengemeinde, euren Vereinen Partnerschaften mit anderen Ländern gibt.
  – Welche Programme haben sie erstellt?
  – Welche Erfahrungen liegen bereits vor?

c Welche Vorteile haben solche Partnerschaften?

Mit Texten umgehen

1. Worum geht es? – Texte zusammenfassen

Literarische Texte zusammenfassen

1 Oliver und sein Computer

> Von seinem Taschengeld kauft Oliver nur noch Computerspiele. Er sitzt stundenlang vor dem Bildschirm und lässt Frösche über Straßen hüpfen. Die Frösche müssen die andere Straßenseite erreichen, sie müssen den Autos ausweichen, die sie überfahren wollen. Oliver gewinnt bei diesem Spiel immer. Auch im Krieg gegen außerirdische Männchen gewinnt er. Das kommt von der Übung. Manchmal schaut ihm seine Mutter beim Spielen zu.
>
> Oliver hat einen Computer geschenkt bekommen. Seitdem er den Computer hat, sitzt er den ganzen Tag vor dem Bildschirm. Er ist immer allein. Seine Freunde haben auch Computer zu Hause und sitzen ebenfalls vor den Bildschirmen.
>
> „Gestern hat eine Rakete in Afghanistan dreihundert Menschen getötet", sagt sie. „Hast du das in den Nachrichten gehört?" „Ja", sagt Oliver. Er sieht konzentriert auf den Bildschirm. Pak, er hat es geschafft. Er hat das außerirdische Männchen abgeknallt.
>
> Wenn sich Oliver mit seinen Freunden trifft, sprechen sie nur über die Computer. Wer über Computer nicht mitreden kann, interessiert Oliver nicht. Wenn Oliver und seine Freunde nicht über die Computer sprechen, dann schweigen sie alle, denn sie wissen nicht, worüber sie reden sollen.
>
> *Karin Gündisch*

a Oliver knallt Männchen ab – eine Rakete tötet dreihundert Menschen. Diskutiere mit deinen Mitschülern und Mitschülerinnen.

b Fasse jeden Abschnitt in einem kurzen Satz zusammen. Beispiel:

Oliver und seine Freunde können nur noch über Computer sprechen.

Ordnen **c** Die Reihenfolge der Abschnitte kann doch wohl nicht stimmen. Bringt die Abschnitte in die richtige Reihenfolge.

d Welche Hinweise im Text haben euch geholfen die Abschnitte richtig zu ordnen?

e Fasse den Text zusammen.

Seitdem Oliver einen Computer hat, kann er sich nicht mehr vom Bildschirm trennen. Auch jeder seiner Freunde sitzt zu Hause allein vor dem Bildschirm.

– Schreibe weiter.

2 Es war einmal eine Insel
oder Das verlorene Paradies

Es war einmal eine Insel, erzählte eine Mäusemutter ihren Kindern, die war kahl und leer. Kein Baum und kein Strauch wuchsen dort.
Eines Tages flog über diese Insel ein Vogel, der ließ etwas fallen. Und weil er kurze Zeit vorher irgendwo Körner aufgepickt hatte, befand sich in dem, was
5 er fallen ließ, ein unverdautes Korn.
Der Regen schwemmte das Korn in die Erde und bald wuchs, wo es im Boden steckte, ein kleines Bäumchen.

Dieses Bäumchen wuchs in vielen Jahren zu einem stattlichen Baum heran. Er trug Früchte, und als andere vorbeifliegende Vögel sie entdeckten, ließen
10 sie sich auf ihm nieder.
Bald wuchsen viele Bäume auf der Insel.
Und als die Tiere auf den Nachbarinseln die Bäume entdeckten, kamen sie in hellen Scharen.
So entstand ein Paradies.

15 Eines Tages fuhr ein Schiff an der Insel vorbei. Dem Kapitän gefiel das Paradies und er baute sich ganz oben, auf dem höchsten Berg, ein Haus. Dort wohnte er mit seiner Frau und seinen Kindern.
Manchmal bekam er auch Besuch.
Die Leute besuchten den Kapitän gern, denn die Insel gefiel ihnen.
20 Und weil noch viel Platz da war, bauten sie sich bald selbst Häuser dort. Auch sie bekamen Besuch und der Besuch bekam wieder Besuch, und allen gefiel es sehr und sie bauten sich eigene Häuser.
Sie fällten die Bäume um Platz für ihre Häuser zu bekommen, und für die Tiere blieb nicht mehr viel Platz übrig.
25 Überall lag Abfall herum, und wo kein Abfall lag und keine Häuser standen, baute man Straßen.

Mit Texten umgehen

Da verließen die Tiere die Insel wieder und die Vögel flogen fort. Und weil sich die Bäume nicht mehr vermehrten und die Menschen zum Bau ihrer Häuser immer mehr Holz verbrauchten, standen auf der Insel bald nur noch
30 Häuser und keine Bäume mehr.
Aber das fanden die Menschen auch nicht schön und einer nach dem andern zog wieder fort.
Die Mauern brachen zusammen und das Holz verfaulte.
Bald war die Insel wieder so kahl und leer, ohne Baum und Strauch, so wie sie
35 vorher gewesen war, erzählte die Mäusemutter ihren Kindern.
In diesem Augenblick flog ein Vogel über die Insel. Er ließ etwas fallen, und weil er kurze Zeit vorher irgendwo Körner aufgepickt hatte, war in dem, was er fallen ließ, ein unverdautes Korn …

Sigrid Heuck

a Erkläre die Überschrift der Erzählung.

b Was wird in den drei Abschnitten erzählt?

> Tipps zur Texterschließung:
> - die Einleitung auswerten
> - den Schlüsselbegriff „Paradies" deuten
> - die Rolle und das Handeln der Figuren erklären
> - die Verknüpfungen zwischen den Abschnitten beschreiben
> - den Schluss (die drei Punkte) erläutern

c Eine Schülerin beginnt ihre Textzusammenfassung so:

> *Wie kam das Korn auf die Insel?*
>
> *Tempus*
>
> *Woher weiß der Kapitän von der Insel?*
>
> In der Geschichte lässt Sigrid Heuck eine Mäusemutter von einer Insel erzählen, die völlig leer ist.
> Durch ein unverdautes Korn wächst das erste Bäumchen auf dieser Insel. Im Laufe vieler Jahre wuchsen viele Bäume und viele Vögel kamen. So entsteht ein Paradies. Das gefiel einem Kapitän und …

– Die Schülerin wechselt zwischen den Tempora und hat notwendige Informationen ausgelassen. Verbessere den Textanfang und schreibe die Zusammenfassung weiter.

> Beim Zusammenfassen eines Textes verwendet man häufig das **Präsens**.

3 Der listige Kaufherr

Ein französischer Kaufherr segelte mit einem Schiff voll großen Reichtums aus der Levante heim, aus dem Morgenland, wo unser Glaube, unsere Fruchtbäume und unser Blut daheim ist, und dachte schon mit Freuden daran, wie er jetzt bald ein eigenes Schlösslein am Meer bauen und ruhig leben und alle Abend dreierlei Fische zu Nacht speisen wolle. Paff, geschah ein Schuss. Ein algierisches Raubschiff war in der Nähe, wollte uns gefangen nehmen und geradenwegs nach Algier führen in die Sklaverei. Zum Glück hatte der Kaufherr einen Ragusaner auf dem Schiff, der schon einmal in algierischer Gefangenschaft gewesen war und ihre Sprache und ihre Prügel aus dem Fundament verstand. Zu dem sagte der Kaufherr: „Nicolo, hast du Lust noch einmal algierisch zu werden? Folge mir, was ich dir sage, so kannst du dich erretten und uns." Also verbargen wir uns alle im Schiff, dass kein Mensch zu sehen war, nur der Ragusaner stellte sich oben auf das Verdeck. Als nun die Seeräuber mit ihren blinkenden Säbeln schon nahe waren und riefen, die Christenhunde sollten sich ergeben, fing der Ragusaner mit kläglicher Stimme auf algierisch an: „Tschamiana", fing er an, „tschamiana halakna bilabai monaschid ana billah onzorun min almaut". (Wir sind alle an der Pest gestorben bis auf die Kranken, die noch auf ihr Ende warten, und ein deutscher Geselle und ich. Um Gottes willen rettet mich!) Dem Algierer Seekapitän, als er hörte, dass er so nah an einem Schiff voll Pest sei, kam's grün und gelb vor die Augen. In der größten Geschwindigkeit hielt er das Schnupftuch vor die Nase, hatte aber keins, sondern den Ärmel; und lenkte sein Schiff hinter den Wind. „Lajonzork", sagte er, „Allah orraman arrahim atabarra laka it schanat chall." (Gott helfe dir, der Gnädige und Barmherzige! Aber geh zum Henker mit deiner Pest! Ich will dir eine Flasche voll Kräuteressig reichen). Drauf ließ er ihm eine Flasche voll Kräuteressig reichen an einer langen Stange und segelte so schnell als möglich linksum. Also kamen wir glücklich aus der Gefahr und der Kaufherr baute hernach in der Gegend von Marseille das Schlösslein und stellte den Ragusaner als Haushofmeister an auf lebenslang.

Johann Peter Hebel

a Eine eindrucksvolle Geschichte? Begründe deine Antwort.

b Stelle die Erzählung in wenigen Bildern skizzenhaft dar.
Beispiel:

– Welche Hilfen geben dir deine Skizzen?

Mit Texten umgehen

c Schreibe zu jedem Bild eine Überschrift.
Beispiel:

Kappyend auf dem Schloss

d Im Text von Johann Peter Hebel findet ihr die direkte Rede.
Beispiel:
(1) *„Wir sind alle an der Pest gestorben"*, sagte der Ragusaner.
(2) *Alle seien an der Pest gestorben*, sagte der Ragusaner.
   (Satz 1 wurde in die indirekte Rede umgeformt.)

Modus
→ S. 162 ff.

– Was hat sich geändert?

> Die direkte Rede in einem Text wird in einer Zusammenfassung häufig in **indirekter Rede** wiedergegeben.

e Fasse den Text von Hebel kurz zusammen. Deine Skizzen und deine Überschriften helfen dir dabei.

> Tipps für eine Zusammenfassung:
> - Texte in Abschnitte (mithilfe von Skizzen) gliedern
> - zu jedem Abschnitt eine Überschrift suchen
> - im ersten Satz der Zusammenfassung den Autor/die Autorin angeben
> - das Präsens als Tempus verwenden
> - direkte Rede in indirekte Rede umformen

4

Was ist daran stark?

Ein starkes Erlebnis

Ein Nachtwächter fuhr auf seiner Tour nachts um zwölf mit dem Velo[1] über ein Fabrikareal. Auf einmal hielt er an und traute seinen Ohren nicht. Was war das für ein wunderschöner Vogel-
5 gesang?

Er blieb eine Weile lauschend stehen, und obwohl er noch nie in seinem Leben einen solchen Vogel gehört hatte, war ihm klar, dass das nur eine Nachtigall sein konnte. Er ließ den
10 Strahl seiner Taschenlampe ringsum in die Höhe

---
[1] Velo (schweizerisch) = Fahrrad

eigenartig, der Vogel fliegt nicht fort.

Dialog mit dem Vogel

warum?

kaum zu glauben

wegen 'm Vogel unpünktlich

Wo ist Willy geblieben?

gleiten und da sah er den Vogel zuoberst auf dem Fabrikschlot.

Ohne genau zu wissen, warum, kletterte er die Metallsprossen des Kamins hoch, bis er oben
15 beim Vogel war, der ihn erstaunt anblickte und seinen Gesang unterbrach.

„Hallo", sagte der Nachwächter, „ich wollte nur sagen, wie schön es ist, wenn du hier singst."

„Danke", sagte die Nachtigall.

20 „Bist du morgen wieder da?", fragte der Nachtwächter.

„Nein", sagte die Nachtigall, „ich bin sonst immer in den Auenwäldern, aber heute hat es mich in die Stadt gezogen."

25 „Schade", sagte der Nachtwächter, „ich würde dich gern wieder hören."

„Dann komm halt mit", sagte die Nachtigall und wenig später wunderten sich zwei Streifenpolizisten außerordentlich, als sie einen Nachtwächter
30 daherradeln sahen, von dessen Schultern eine Nachtigall flötete, und am andern Abend wunderten sich die Einsatzleiter in der Nachtwächterzentrale noch mehr, als sich Wächter Willy, sonst ein Muster an Pünktlichkeit, nicht zum Dienst
35 meldete und als bei ihm zu Hause, sooft sie auch anriefen, einfach niemand das Telefon abnahm.

Franz Hohler

a Jemand hat den Text „entdeckend" gelesen: Er oder sie hat ihn mit Randnotizen versehen.
Lege dir ein Blatt neben das Buch und schreibe weitere Anmerkungen und Fragen auf. Sie helfen dir den Text zusammenzufassen.

b Was überrascht dich am Fortgang dieser Geschichte? Schreibe das als Ergänzung für deine Zusammenfassung auf.

c Fasse den Text mithilfe der Anmerkungen, Fragen und deiner Ergänzung zusammen. Im Schlussabschnitt kannst du schreiben, wie dir diese Geschichte gefallen hat.

Mit Texten umgehen

Sachtexte zusammenfassen

1 Schule im alten Rom

Lange Zeit gab es in Rom keine Schulen. Die Kinder wurden in der Familie erzogen. In den vornehmen Familien unterrichteten griechische Sklaven die Kinder in Lesen, Schreiben und Rechnen, aber auch in sportlichen Disziplinen. Erst seit dem 3. Jahrhundert v. Chr. gab es öffentliche Schulen, in denen
5 die Jungen und Mädchen der römischen Bürger gegen Bezahlung unterrichtet wurden.
In die Elementarschule gingen die Kinder von 7 bis 11 Jahren um Lesen, Schreiben und Rechnen zu lernen.
Der Magister, der Lehrer, erhielt für seine Tätigkeit von jedem Schüler etwa
10 50 Denare. Der Lehrer musste 30 Schüler unterrichten um seinen sehr einfachen Lebensunterhalt fristen zu können. Der Lohn entsprach dem eines Maurers oder Zimmermanns. Meist kamen die Lehrer aus dem Sklavenstand oder sie waren Freigelassene.
Vom 12. bis 15. Lebensjahr besuchten die Kinder aus den gehobenen
15 Schichten die Schule des „grammaticus". Dieser Lehrer der gehobenen Studien genoss größeres Ansehen und verdiente deshalb auch etwa 200 Denare pro Schüler. Beim „grammaticus" wurden die großen römischen Dichter gelesen und erklärt.

Römische Schulszene, Steinrelief Neumagen-Drohn, Rheinland-Pfalz, um 200.

Beim „rhetor", lateinisch „orator", setzten die begabtesten und vornehmsten
20 Schüler ihre Studien fort. Sie wurden in der Kunst der wirkungsvollen Rede unterwiesen und so auf ihre spätere Aufgabe als hohe Verwaltungsbeamte und Anwälte vorbereitet. Diese „Lehrer der Redekunst" genossen großes Ansehen. Sie unterrichteten in großen, vornehm ausgestatteten Sälen.

a Der Text ist deutlich gegliedert.
 – Lege dir ein schmales Blatt neben den Text und schreibe Teilüberschriften auf.
 – Vor welche Abschnitte könntest du 1., 2., 3. setzen?

b Du findest im Text einige lateinische Ausdrücke.
 – Erkläre, woher das Wort „Grammatik" kommt.
 – Es gibt das Fremdwort „rhetorisch". Aus dem Text kannst du ablesen, was es bedeutet.

c Schreibe eine knappe Zusammenfassung des Textes.

2 Ein römischer Schüler erzählt:

Bei Tagesanbruch wache ich auf, rufe meinen Sklaven und lasse ihn das Fenster öffnen. Er tut es sofort. Ich richte mich auf und setze mich an den Bettrand. Ich bitte um Socken und Schuhe, denn es ist kalt. Nachdem ich die Schuhe anhabe, verlange ich ein Handtuch. Man bringt mir ein sauberes.
5 Man bringt mir Wasser in einem Topf für meine Toilette. Ich gieße es mir über die Hände, das Gesicht, in den Mund. Ich reibe Zähne und Zahnfleisch. Ich spucke, schnäuze mich und trockne mich ab, wie es sich für ein gut erzogenes Kind gehört.
Ich ziehe mein Nachthemd aus, nehme einen Leibrock (tunica) und lege
10 einen Gürtel um. Danach parfümiere ich mir den Kopf und kämme mich und lege ein Halstuch um. Ich ziehe mein weißes Pallium (mantelartiges Obergewand, im Winter aus schwerem Wollstoff) darüber und verlasse das Zimmer mit meinem Pädagogen (Sklaven) und meiner Amme (Sklavin), um Papa und Mama einen guten Morgen zu wünschen, und ich umarme sie.
15 Nun suche ich mein Schreibzeug und mein Heft und gebe sie meinem Sklaven. Begleitet von meinem Pädagogen mache ich mich auf den Weg, der über die Säulenhalle zur Schule führt. Im Vorbeigehen lasse ich mir in einem Bäckerladen eine Pastete reichen. Der Pädagoge bezahlt für mich. In der Säulenhalle kommen mir meine Kameraden entgegen. Ich begrüße sie
20 und sie erwidern meinen Gruß. Ich komme zur Treppe und steige sehr ruhig, wie es sich gehört, die Stufen hinauf.
In der Vorhalle lege ich meinen Mantel ab und kämme mich noch einmal. Dann trete ich in den einfachen Schulraum ein. Er ist nur durch einen Vorhang von der Säulenhalle getrennt. Ich grüße meinen Lehrer, der auf einem
25 Katheder sitzt: „Salve, magister! Ich grüße Euch, mein Lehrer!" Er umarmt mich und grüßt mich wieder. Der Sklave reicht mir Täfelchen, Schreibzeug und Lineal.
„Grüß euch, Kameraden! Macht mir meinen Platz frei! Rück ein wenig! Komm her! Das ist mein Platz. Ich hatte ihn vor dir!" Ich setze mich auf mei-

30 nen Holzschemel und mache mich an die Arbeit. Ich muss Wörter lesen und aufschreiben. Ich schreibe die Vorlage ab und zeige das dem Lehrer. Es ist mir nicht besonders gelungen. Der Lehrer ist nicht zufrieden: „Du verdienst die Peitsche! Geh, schreib noch einmal schöner! Ich verzeih dir." Ich mache mich noch einmal an die Arbeit. Mein Sklave hilft mir dabei.

35 Danach ist Rechnen an der Reihe. „Antworte, Sohn des Albinus! Wenn man von $5/12$ $1/12$ wegnimmt, was bleibt dann übrig? Los! Worauf wartest du um zu antworten?" Ich sage: „$1/3$".

„Gut! Du wirst deine Pfennige zusammenhalten können. Wenn man zu $5/12$ noch $1/12$ hinzufügt, was macht das? Nun, das ist noch einfacher!" „$1/2$, mein
40 Lehrer." „Sehr gut für heute!" Nun bitte ich den Lehrer mich nach Hause gehen zu lassen um zu essen.

Er ist zufrieden und lässt mich gehen. Ich sage ihm „vale!" (Lebewohl) und er erwidert meinen Gruß.

Ich kehre nach Hause zurück und ziehe mich zum Essen um. Ich nehme
45 Weißbrot, Oliven, Käse, trockene Feigen und Nüsse. Dazu trinke ich frisches Wasser. Danach gehe ich wieder in die Schule. Ich treffe den Lehrer beim Lesen an.

Heute Nachmittag werden Sinnsprüche[1] gelesen und gelernt. Der Lehrer sagt: „An die Arbeit!" Wir lernen den Spruch des Cato:

Es ist besser, wach zu sein, als lange zu schlafen;
denn die lange Ruhe fördert nur das Laster.

50 Nachdem ich den Sinnspruch kann, melde ich mich: „Ich muss zum Baden gehen."

Der Lehrer: „Ja, die Zeit ist da."

Ich gehe ins öffentliche Bad, nehme Handtücher und folge meinem Sklaven. Ich begegne vielen, die auch ins Bad gehen, und sage allen und jedem: „Wie
55 geht's? Gutes Bad! Gutes Abendessen!"

a Wer hatte es besser, die römischen Kinder oder die Kinder heute? Begründe deine Ansicht mit Stellen aus dem Text.

b Was erfährst du vom Leben eines jungen Römers? Schreibe dir Stichworte heraus und ordne sie nach Sachgebieten.

Beispiel:

Kleidung	Mahlzeiten	Personal	?	?	?

---
[1] Sinnsprüche: Zweizeiler bekannter Dichter, unseren Sprichwörtern ähnlich

c Stelle mithilfe beider Texte den Tagesablauf eines römischen Schülers dar. Beispiel:

```
Tagesablauf eines römischen Schülers
Schon römische Schüler haben ihren Sklaven, der sie bereits bei Tages-
anbruch bedient...
```

> Tipps:
> - mit Text 2 beginnen, Informationen aus Text 1 einarbeiten
> - unwichtige Textstellen stark kürzen
> - wichtige Textstellen ausführlich wiedergeben
> - einen Schlussabschnitt schreiben (Hier könnt ihr das Ergebnis eures Gesprächs der Frage 2a einbringen.)

d Korrigiert in Partnerarbeit auf sachliche und sprachliche Richtigkeit.

e Du hast folgende Arbeitstechniken gelernt:

> - Texte in Abschnitte gliedern
> - Stichworte herausschreiben und nach Oberbegriffen ordnen
> - Abschnitte durch Überschriften zusammenfassen
> - Texte wiedergeben
> - zusammengefasste Texte auf Richtigkeit prüfen

Ihr könnt damit Texte aus dem Biologie-, dem Erdkunde-, dem Gemeinschaftskunde- und dem Geschichtsbuch zusammenfassen, etwa zur Vorbereitung auf schriftliche oder mündliche Leistungsüberprüfungen.

f Wörter zum Üben, Einprägen und Kontrollieren

Substantive	Verben	Adjektive
das Ansehen	begegnen	begabt
die Bezahlung	erklären	flüssig
die Disziplin	erwidern	griechisch
die Elementarschule	fristen	öffentlich
der Freigelassene	genießen	sportlich
der Kamerad	grüßen	vornehm
der Lebensunterhalt	hinzufügen	wirkungsvoll
das Lineal	parfümieren	zufrieden
der Pädagoge	unterrichten	
der Sklave	verlassen	
das Studium; die Studien	verzeihen	
die Toilette	vorbereiten	

2. „Behalt das Leben lieb!" – Jugendbuch

1

a Was erwartet ihr von diesem Jugendbuch?

b Wie stellst du dir dein Leben vor, wenn du erwachsen bist? Schreibe kurz auf.

Jaap ter Haar

Behalt das Leben lieb

c [...] plötzlich begriff er mit unerbittlicher Klarheit, dass er die blonde Schwester Wil nie wirklich sehen würde. Dass er auch seine Eltern, Annemiek, die Schule und seine Freunde nie mehr sehen würde. Nie mehr würde er sich an einem Fußballspiel, am Fernsehen oder an einem Strauch in saftgrüner Frühlingspracht erfreuen können. Die Sonne würde für ihn nie mehr aufgehen. Darüber gab es keinen Zweifel mehr, nur noch Sicherheit. „O Gott, ich bin blind geworden", flüsterte Beer entsetzt und er wusste nicht, wie er damit fertig werden sollte.

– Stelle dir vor, du wärst Beer. Was bliebe von deinen Plänen übrig?

2 *Blind!* Er erinnerte sich des Mannes mit der dunklen Brille und dem weißen Stock, der sich in einer engen Ladenstraße so hilflos vorwärts getastet hatte. Genauso würde er von nun an seinen Weg suchen müssen, zu Hause, in der Schule oder wo auch immer. Für den Rest seines Lebens würde er von anderen abhängig sein. Beer ballte zornig die Fäuste, besann sich jedoch: War nicht jeder von anderen Menschen abhängig?

Blind! Plötzlich packte ihn Angst. Würden sie ihn in eine Blindenanstalt schicken? Nein, das konnte nicht sein. Beer dachte an Vater und Mutter und an ihre Streitereien, bei denen er manchmal zwischen ihnen gestanden hatte.
War es nicht denkbar, dass sie für immer auseinander gingen, wenn er nicht mehr bei ihnen war? Dieser Gedanke war unerträglich. Und dann wurde ihm bewusst, wie schrecklich es für seine Eltern sein musste, dass er blind geworden war. Wussten sie es schon?
Blind! Verdammt, nein, er wollte nicht weinen. Er würde damit fertig werden.
Er erinnerte sich eines Satzes, den er vor längerer Zeit einmal zu seiner Mutter gesagt hatte: „Wenn man das traurigste Kind der Welt ist, braucht man mit niemandem Mitleid zu haben!" Er war damals tief betroffen gewesen vom Anblick im Krieg verstümmelter Kinder. Oder von kleinen Knirpsen, die an Lepra litten. Vielleicht auch hatte er den Satz ausgesprochen, nachdem er die apathischen Opfer einer Hungersnot im Fernsehen gesehen hatte.
Blind! Das war schlimm, aber es gab noch schlimmere Dinge auf der Welt. Er hatte noch immer eine Zukunft. Er würde die Blindenschrift lernen müssen. Er würde sein Leben auf eine vollkommen neue Art leben müssen. Während er alles überdachte, verwunderte sich Beer, dass er über seine Blindheit mit ziemlicher Ruhe nachzudenken vermochte. Schritte auf dem Korridor. Das leise Öffnen der Tür. Die Stimme von Schwester Wil: „Da bin ich wieder, Beer!" Irgendetwas wurde auf das Tischchen – oder war es ein Schränkchen – neben seinem Bett gestellt. „Schwester?" „Ja?" „Ich bin doch blind, nicht? Für immer!"
Einen Augenblick lang blieb es still. Beer hörte, wie die Schwester Luft holte. Er hoffte inständig, sie würde ihm eine ehrliche Antwort geben. Die Wahrheit war besser zu ertragen als Ungewissheit und falsche Hoffnung. Glücklicherweise war Schwester Wil klug genug um zu wissen, dass die meisten Kinder sehr tapfer sind und allerhand Umstände auf sich nehmen, solange sie nicht von Erwachsenen verwirrt werden.
„Ja", sagte sie und Beer fühlte wieder ihre kühle Hand auf seinem Arm. „Deine beiden Augen sind so schwer verletzt, dass du wahrscheinlich nie mehr wirst sehen können."
[...]
„Wie fühlst du dich jetzt, mein Lieber?" Es war zu hören, dass Mutters Stimme so normal wie möglich klingen sollte. Sie klang so unnormal wie die Pest.
„Die Schmerzen sind nicht mehr so schlimm." „Ist die Schwester nett?" „Ja", sagte Beer und dann durchschlug er den Knoten mit einem einzigen Hieb, weil er diesen Tanz um die unabwendbare Wahrheit einfach abscheulich fand: „Ihr wisst doch, dass ich blind bin? Für immer?"
Ein lautes Schlucken. Er fühlte, wie Mutters Hand sein Handgelenk umklammerte, als könnte sie da einen Halt finden.

„Ja, Beer, wir wussten es", sagte der Vater. „Wir wussten nur nicht, dass du es schon weißt. Wir wollten es dir erst sagen, wenn du ein bisschen zu Kräften gekommen sein würdest."
„Mein Junge …", fing Mutter an, doch dann hörte sie auf. Vater sprach ihren Satz zu Ende: „Wir haben etwas zu tragen bekommen, alle miteinander. Es bleibt nichts anderes übrig, als tüchtig zuzupacken."
„Miteinander?"
„Ja, natürlich. Du, Mutter und ich!"
[…]

a Beer weiß nun, dass er für immer blind bleiben wird. Welche Gedanken werden ihm durch den Kopf gehen?

b Übertrage die Skizze und ergänze sie mithilfe des Textausschnitts.

3 Wie das ist, wenn man blind wird: Versuche mit verbundenen Augen

- Jemand geht an die Tafel, sucht sich ein Stück Kreide und schreibt seinen Namen auf einer geraden Linie.
- Jemand geht eine gerade Strecke zu einem Stuhl und setzt sich.
- Jemand geht auf eine Treppe zu und steigt nach oben ohne sich am Geländer festzuhalten.
- Aus einer beliebigen Ecke des Klassenzimmers soll die Tür gefunden werden.
- …

a Was habt ihr empfunden, als ihr diese Versuche durchgeführt habt?

b Du hast deine Mitschülerinnen und Mitschüler beobachtet. Wie haben sie sich verhalten?

c Welche Probleme werden wohl noch auf den blinden Beer zukommen?

4 […] Schwester Wil war jedes Mal wieder wie ein Licht, das das Krankenzimmer erhellte. Ein großartiger Mensch und unentbehrlich in den langen Stunden des Tages. Schwierig wurde es, wenn Schwester Wil einen freien Tag hatte und eine andere Krankenschwester ihre Aufgaben übernahm. Schwester Annie musste einer Ente ähneln, dachte Beer, er wurde von ihrer stets munteren Stimme ganz kribbelig. Kwaak-kwaak-kwaak. Sie hatte etwas Unechtes und es schien ganz so, als glitten ihre Worte über die Wirklichkeit hinweg. Das machte zumindest furchtbar nervös.

„Nun wollen wir dich mal hübsch waschen", sagte sie, als wäre das Getue mit dem Waschlappen besonders spaßig.

„Jetzt machst du mal hübsch Pipi!" und – boing – wurde ihm die Flasche zwischen die Beine geknallt.

„Nun wollen wir mal hübsch essen!" Sie sagte ihm nicht, was auf dem Teller lag, sondern schob ihm plötzlich einen Bissen Kraut in den Mund. Und wenn Beer etwas nicht mochte, dann war es Kraut. Mit dem Mut der Verzweiflung kämpfte er gegen den ersten Bissen an, während die Schwester Annie – kwaak-kwaak-kwaak – immerzu schwatzte und lachte, obwohl es doch so bitterwenig zu lachen gab.

An diesem Tag wurde Beer immer niedergeschlagener. Er fühlte sich einsamer und verzweifelter als je zuvor und die Rebellion gegen sein Schicksal wurde von Stunde zu Stunde stärker.

[…]

Als Vater ihn am Abend besuchte, waren Beers Mut und Laune weit unter den Nullpunkt gesunken. Er wollte es aber auf keinen Fall zeigen, denn Vater, so dachte er, hatte es schon schwer genug. Darum hielt er sich tapfer und redete so vor sich hin. Als aber Schwester Annie mit einem Medikament ins Zimmer kam und schnell ein Schwätzchen mit Vater machte, mit ihrer gezierten, fröhlichen Stimme, da war das Maß voll.

„Ein nettes Mädchen!", sagte Vater, als Schwester Annie wieder verschwunden war.

„Sie ist ein dummes Huhn!" Böse stieß Beer die Worte hervor.

„Meinst du das wirklich?" In Vaters Stimme lag ehrliche Verwunderung.

„Ja."

„Sie sieht aber verteufelt hübsch aus", sagte Vater, dann klappte er seinen Mund zu, als wollte er sich die Zunge abbeißen.

„Trotzdem ist sie ein dummes Huhn. Und wie sie aussieht, ist mir vollkommen schnurz!" Bitter brach nun all seine Verzweiflung hervor.

„Das versteh ich", murmelte Vater bestürzt.

Es folgte ein kurzes, peinliches Schweigen. Dann sagte Vater leise, beinahe vorsichtig: „Weißt du, Beer, Augen lenken uns oft von der Hauptsache ab."

[…]

Niedergeschlagener als je zuvor wartete er auf die Geräusche des neuen Tages.

Schritte. Die Tür ging auf. War es Schwester Wil, die jetzt leise die Vorhänge aufzog?

„Schwester Wil?" Er hörte die Angst und Verzweiflung in seiner Stimme. „Guten Morgen, Beer. Was ist denn?"

Während sie zu ihm ging, richtete Beer sich auf und rief ratlos: „Schwester Wil, mein Leben, mein ganzes Leben ist verpfuscht!"

„Aber Beer ..." Schwester Wil legte ihren Arm um seine Schulter. Ihre Stimme klang ruhig wie immer, als ob ein verpfuschtes Leben die normalste Sache der Welt wäre: „Aber Beer, das sagt doch jeder irgendwann mal. Jeder von uns steht immer wieder vor einem neuen Anfang!"

„Ja, Sie haben gut reden. Sie haben noch Ihre Augen. Sie können noch sehen!"

Einen Augenblick lang blieb es still. Angespannt still. Dann nahm Schwester Wil Beers Hand und hob sie langsam hoch: „Geh mal mit deinen Fingern vorsichtig über meine Wange. Spürst du die ledrigen Narben vom Auge bis zum Kinn?"

„Ja", flüsterte Beer entsetzt.

„Ich hab mir die rechte Hälfte meines Gesichtes verbrannt, als ich fünfzehn war. Ich hatte mich damals gerade in einen Jungen verliebt, der mich seitdem nie mehr angesehen hat. Weißt du, ich sehe sehr unappetitlich aus. Die meisten Patienten erschrecken, wenn sie mich zum ersten Mal sehen."

„O Schwester ..."

a Schwester Wil spricht nicht nur anders, sie verhält sich auch anders als Schwester Annie. Ergänze die folgende Tabelle.

Schwester Wil	Schwester Annie
- hat eine ruhige Stimme (Z. 51)	- quakt wie eine Ente (Z. 5 f.)
...	...

b Schwester Wil hilft Beer. Wie schafft sie das?

c „Augen lenken uns oft von der Hauptsache ab" (Z. 40). Was meint Beers Vater damit?

d Hast du andere auch schon aufgrund von Äußerlichkeiten falsch eingeschätzt? Erzähle.

5 Beer muss bald in einen großen Krankensaal umziehen. Hier lernt er einen Studenten kennen, der ihm wieder hilft seine Ängste zu überwinden.

[…] Irgendjemand berührte seinen Arm. Beer erschrak, weil es völlig unerwartet geschah.

„Ich komm ein bisschen plaudern." Es war der Student. Er sprach leise um die anderen nicht zu stören.

5 „Willst du nicht studieren? Es ist gerade schön still."
„Ich bin jetzt nicht in Stimmung."
„Bist du nicht froh, dass das Studium jetzt bald zu Ende ist?"
„Es ist nicht nur das, Beer. Auch alles andere ist bald zu Ende."
Schnell, ganz schnell nahm Beer die letzten Worte in sich auf. Dann drang
10 die schreckliche Wahrheit allmählich in sein Bewusstsein. „Meinst du … nein, du meinst doch nicht …" Bestürzt hielt Beer den Atem an.
Der Student packte ihn am Arm. Er sprach jetzt wieder mit jener ruhigen Vertraulichkeit, die Beer so gut an ihm kannte. „Ja, das meine ich. Ich hab nur noch ein paar Wochen."
15 „Aber …"
„Du darfst nicht erschrecken, Beer. Ich bin nicht der Erste und ich werd auch nicht der Letzte sein. Wir denken immer, der Tod ist ein erbarmungsloser Feind. Aber wenn man ganz dicht vor ihm steht, so wie ich, dann gleicht er eher einem liebenswerten Freund."
20 „Ich …" Beer wusste nicht, was er sagen sollte. Es würgte ihn.
„Sprich nicht mit den anderen drüber. Es soll ein Geheimnis zwischen uns bleiben."
„Aber …" Beer schluckte. „Warum erzählst du es gerade mir?"
„Weil es dir helfen kann. Weil … wenn sogar der Tod ein Freund sein kann,
25 dann kann auch die Blindheit ein guter Kamerad werden. Ich möchte so gern, dass du das Leben lieb behältst, wenn es auch manchmal enttäuscht."
[…]
Was gab dem Leben dann eigentlich so viel Sinn? Dass man Vater und Mutter liebte, obwohl sie einander manchmal kaum mochten? Und Annemiek?
30 Und Goof und Ben …? Ja, *das* war es. Unentbehrlich im Leben waren die Menschen, die man liebte. Und *alles* andere – die schönsten und hässlichsten Dinge – kamen erst an zweiter Stelle.
„Mann", sagte Beer erleichtert. Wenn er auch blind war, das Wichtigste war dennoch nicht verloren gegangen. Menschen konnte man auch mit ver-
35 schlossenen Augen lieben. […]

a Warum macht gerade der Student Beer Hoffnungen?

b *„Kämpfe weiter um deine Selbstständigkeit!"* Wie könnte Beer diesen Rat des Studenten in die Tat umsetzen? Notiere in Stichworten.

c

– Beer hat Ängste und Hoffnungen. Übertrage die Skizze und ergänze sie.

6 Beer kommt wieder nach Hause. Anfangs glaubt er in seiner alten Klasse zurechtzukommen. Aber trotz aller Bemühungen von Eltern, Freunden und Lehrern kann er das Leben in der Schule nicht bewältigen. Er soll deshalb in eine Schule für Sehbehinderte. Seine Eltern sprechen mit dem Leiter seiner bisherigen Schule.

Direktor: So Leid es mir tut, Beer zu verlieren, ich halte eine Schule für Sehbehinderte einfach für die beste Lösung.
Mutter: Aber das können Sie ihm doch nicht antun. Wochenlang hat er die Blindenschrift geochst. Täglich quält er sich mit der Schreibmaschine herum und der nette Tjeerd büffelt unermüdlich mit ihm. Soll das alles umsonst gewesen sein?
Direktor: Ich kann Sie ja gut verstehen, aber überlegen Sie doch mal: Das können Sie einfach nicht schaffen. Denken Sie doch einmal weiter! Denken Sie an die Zukunft Ihres Sohnes!
Mutter: Ja, das tun wir gerade. Unser Beer hat es schon schwer genug. Er sollte wenigstens in seiner gewohnten Umgebung bleiben.
Vater: Haben Sie Angst, Beer könnte den Unterricht aufhalten?
Direktor: Sicher würde er das. Das ist gar keine Frage. Aber bedenken Sie doch die andere Seite! Beer braucht nun besondere Hilfen. Und Hilfsmittel. Wir sind hier einfach nicht in der Lage ihm diese Hilfen zu geben. Wir sind keine Spezialisten.

Vater und Mutter sprachen auch mit dem Leiter einer Schule für Sehbehinderte.

a In dem Gespräch geht es um eine wichtige Entscheidung für Beer. Es werden unterschiedliche Meinungen vorgebracht und begründet; es werden aber auch versteckt Vorwürfe und Gegenvorwürfe geäußert. Untersucht das Gespräch.

b Behauptung, Begründung und Beispiel sind durcheinander geraten.

1. Behauptung	2. Begründung	3. Beispiel
a) Beer wird sich in der Blindenanstalt wohl fühlen,	a) denn er kann jedes Wochenende nach Hause fahren.	a) Die meisten der 120 Kinder machen das so.
b) Die Blindenanstalt bietet ideale Lernvoraussetzungen,	b) Die Kinder dort sind offener als anderswo.	b) Gleich bei seiner Ankunft sprach ihn ein Mädchen an.
c) Beer findet sicher neue Freunde in der Blindenanstalt.	c) weil alles da ist, was ein Blinder zum Lernen benötigt.	c) Es gibt dort beispielsweise eine Handballmannschaft.
d) Beers Zukunftsaussichten sind gut,	d) weil er dort Sport treiben kann.	d) Ein Lehrer betreut nur drei Schüler.
e) Beer wird sicher kein Heimweh haben,	e) denn die Lehrer haben dort viel Zeit für die Kinder.	e) Ein ehemaliger Schüler hat sein Examen an der Uni abgelegt.

– Ordne die Argumente. Beispiel:

Behauptung: Beer wird sicher kein Heimweh haben, (1 e)
Begründung: denn er kann jedes Wochenende nach Hause fahren. (2 a)
Beispiel: Die meisten der 120 Kinder machen das so. (3 a)

c Welche Argumente werden am ehesten zur Klärung beitragen und die Eltern überzeugen?

d Schreibe nach diesem Muster Argumente für den Besuch einer Schule für Sehbehinderte.

7 Die Buchstaben der Blindenschrift:

Dieser Duden umfasst 20 Bände, während das Wörterbuch für sehende Schüler bei gleichem Inhalt mit einem Band auskommt.

Informationen beschaffen

a Schreibt an ein Blindenwerk und bittet um ein Alphabet in Blindenschrift.

8 Beer hat zugestimmt

Der Direktor führte ihn über den Spielplatz. Sie kamen zu einem Haus neben dem Hauptgebäude, wo er ein eigenes Zimmerchen bekommen sollte. „Das Schlimmste habe ich hinter mir", dachte Beer. Er sah einen Weg in die Zukunft vor sich. Die ersten Schritte auf diesem Weg waren schon getan, als er die Diele seines zweiten Zuhauses betrat.

a Beer schreibt seinen ersten Brief nach Hause. Notiere in Stichworten, was er erzählen könnte.

b

– Beers Weg führt vom Dunkeln ins Helle. Führe das Bild weiter.

9 Ihr habt nun einiges von Beer und seinem Schicksal gelesen. Wenn ihr mehr über ihn, seine Freunde, sein Leben erfahren wollt, lest das Jugendbuch.

a Fasse den Inhalt der Texte kurz zusammen und schreibe deine Meinung über dieses Jugendbuch dazu.

b Welche Meinungen gibt es in eurer Klasse zu diesem Buch? Was hat euch besonders angesprochen?

c Stelle selbst ein Buch vor.

> Tipps zum Vorstellen:
> - den Buchumschlag auswerten
> - den Inhalt knapp zusammenfassen
> - eine kurze Leseprobe vorbereiten
>
> Tipps zum Vorlesen:
> - auf deutliche Aussprache achten
> - Sprechpausen einlegen
> - Lesetempo verändern
> - Lautstärke dem Text anpassen
> - Blickkontakt mit den Zuhörerinnen und Zuhörern herstellen

3. „Krachen und Heulen" – Balladen, Gedichte

Balladen

1 Nis Randers

Krachen und Heulen und berstende Nacht,
Dunkel und Flammen in rasender Jagd –
Ein Schrei durch die Brandung!

Und brennt der Himmel, so sieht man's gut:
Ein Wrack auf der Sandbank! Noch wiegt es die Flut;
Gleich holt sich's der Abgrund.

Nis Randers lugt – und ohne Hast
Spricht er: „Da hängt noch ein Mann im Mast;
Wir müssen ihn holen."

Da fasst ihn die Mutter: „Du steigst mir nicht ein!
Dich will ich behalten, du bliebst mir allein.
Ich will's, deine Mutter!

Dein Vater ging unter und Momme, mein Sohn;
Drei Jahre verschollen ist Uwe schon,
Mein Uwe, mein Uwe!"

Nis tritt auf die Brücke. Die Mutter ihm nach!
Er weist nach dem Wrack und spricht gemach:
„Und seine Mutter?"

Nun springt er ins Boot und mit ihm noch sechs:
Hohes, hartes Friesengewächs;
Schon sausen die Ruder.

Boot oben, Boot unten, ein Höllentanz!
Nun muss es zerschmettern …! Nein, es blieb ganz! …
Wie lange? Wie lange?

Mit feurigen Geißeln peitscht das Meer
Die Menschen fressenden Rosse daher;
Sie schnauben und schäumen.

Wie hechelnde Hast sie zusammenzwingt!
Eins auf den Nacken des andern springt
Mit stampfenden Hufen!

Drei Wetter zusammen! Nun brennt die Welt!
Was da? – Ein Boot, das landwärts hält –
Sie sind es! Sie kommen!

Und Auge und Ohr ins Dunkel gespannt …
Still – ruft da nicht einer! – Er schreit's durch die Hand:
„Sagt Mutter, 's ist Uwe!"

Otto Ernst

a Schreibe alles auf, was du zu diesem Gedicht sagen kannst: deine Gefühle, deine Fragen, deine Meinung. Vergleicht eure Ergebnisse.

b Wie willst du das Gedicht vortragen? Wähle zwei Strophen aus, schreibe sie ab und setze Zeichen für einen wirkungsvollen Vortrag.

> Tipps:
> / = kurze Sprechpause ~~~ = Stimme heben
> // = lange Sprechpause ——— = Stimme senken
> • = betontes Wort ↵ = keine Pause

c Nehmt einige Vorträge mit dem Kassettenrekorder auf und besprecht sie.
– An welchen Stellen hast du Spannung erzeugt? Wodurch?
– Welche Textstellen liest du besonders langsam, welche schneller?
– Manche Stellen lassen sich in verteilten Rollen lesen.

d Nis Randers begibt sich in Gefahr, obwohl seine Mutter es ihm verboten hat. Hätte er nicht gehorchen müssen? Diskutiert darüber.

2 Ballade vom schweren Leben des Ritters Kauz vom Rabensee

Es war ein alter Ritter,
Herr Kauz vom Rabensee.
Wenn er nicht schlief, dann stritt er.
Er hieß: der Eiserne.

Sein Mantel war aus Eisen.
Aus Eisen sein Habit.
Sein Schuh war auch aus Eisen.
Sein Schneider war der Schmied.

Ging er auf einer Brücke
Über den Rhein – pardauz!
Sie brach in tausend Stücke.
So schwer war der Herr Kauz.

Lehnt er an einer Brüstung,
Es macht sofort: pardauz!
So schwer war seine Rüstung.
So schwer war der Herr Kauz.

Und ging nach solchem Drama
Zu Bett er, müd wie Blei:
Sein eiserner Pyjama
Brach auch das Bett entzwei.

Der Winter kam mit Schnaufen,
Mit Kälte und mit Schnee.
Herr Kauz ging Schlittschuh laufen
Wohl auf dem Rabensee.

Er glitt noch eine Strecke
Aufs stille Eis hinaus.
Da brach er durch die Decke
Und in die Worte aus:

Potz Bomben und Gewitter,
Ich glaube, ich ersauf!
Dann gab der alte Ritter
Sein schweres Leben auf.

Peter Hacks

a Diese Ballade ist nicht ernst gemeint. Woran merkt man das?

b „*Der Winter kam ...*"
Wie erging es dem Ritter Kauz in den anderen Jahreszeiten?
Schreibe entsprechende Strophen.

c Bereitet einen lustigen Vortrag des Gedichtes vor.
Dazu könnt ihr den Rhythmus klatschen (/ = betonte Silbe, ∪ = unbetonte Silbe) und euch eine einfache Melodie ausdenken.

> ∪ / ∪ / ∪ / ∪
> Es war ein alter Ritter,
> ∪ / ∪ / ∪ /
> Herr Kauz vom Rabensee.
> ∪ / ∪ / ∪ / ∪
> Wenn er nicht schlief, dann stritt er.
> ∪ / ∪ / ∪ /
> Er hieß: der Eiserne.

– Welche Instrumente könnt ihr dazu einsetzen?

d Noch lebendiger wird es, wenn ihr zu jeder Strophe auch ein passendes Bild zeigen könnt, das ihr gemalt oder als Collage gestaltet habt.

3 Der Zauberlehrling

Hat der alte Hexenmeister
Sich doch einmal wegbegeben!
Und nun sollen seine Geister
Auch nach meinem Willen leben.
Seine Wort und Werke
Merkt ich und den Brauch,
Und mit Geistesstärke
Tu ich Wunder auch.

   Walle! walle
   Manche Strecke,
   Dass zum Zwecke
   Wasser fließe
   Und mit reichem, vollem Schwalle
   Zu dem Bade sich ergieße!

Und nun komm, du alter Besen!
Nimm die schlechten Lumpenhüllen!
Bist schon lange Knecht gewesen;
Nun erfülle meinen Willen!
Auf zwei Beinen stehe,
Oben sei ein Kopf,
Eile nun und gehe
Mit dem Wassertopf!

   Walle! walle
   Manche Strecke,
   Dass zum Zwecke
   Wasser fließe
   Und mit reichem, vollem Schwalle
   Zu dem Bade sich ergieße!

Seht, er läuft zum Ufer nieder;
Wahrlich! ist schon an dem Flusse,
Und mit Blitzesschnelle wieder
Ist er hier mit raschem Gusse.
Schon zum zweiten Male!
Wie das Becken schwillt!
Wie sich jede Schale
Voll mit Wasser füllt!

   Stehe! stehe!
   Denn wir haben
   Deiner Gaben
   Voll gemessen! –
   Ach, ich merk es! Wehe! wehe!
   Hab ich doch das Wort vergessen!

Ach, das Wort, worauf am Ende
Er das wird, was er gewesen.
Ach, er läuft und bringt behände!
Wärst du doch der alte Besen!
Immer neue Güsse
Bringt er schnell herein.
Ach! und hundert Flüsse
Stürzen auf mich ein.

    Nein, nicht länger
    Kann ich's lassen:
    Will ihn fassen,
    Das ist Tücke!
    Ach! nun wird mir immer bänger!
    Welche Miene! Welche Blicke!

O, du Ausgeburt der Hölle!
Soll das ganze Haus ersaufen?
Seh ich über jede Schwelle
Doch schon Wasserströme laufen.
Ein verruchter Besen,
Der nicht hören will!
Stock, der du gewesen,
Steh doch wieder still!

    Willst's am Ende
    Gar nicht lassen?
    Will dich fassen,
    Will dich halten,
    Und das alte Holz behände
    Mit dem scharfen Beile spalten.

Seht, da kommt er schleppend wieder!
Wie ich mich nur auf dich werfe,
Gleich, o Kobold, liegst du nieder;
Krachend trifft die glatte Schärfe.
Wahrlich! brav getroffen!
Seht, er ist entzwei!
Und nun kann ich hoffen,
Und ich atme frei!

    Wehe! wehe!
    Beide Teile
    Stehn in Eile
    Schon als Knechte
    Völlig fertig in die Höhe!
    Helft mir, ach! ihr hohen Mächte!

Und sie laufen! Nass und nässer
Wird's im Saal und auf den Stufen.
Welch entsetzliches Gewässer!
Herr und Meister! hör mich rufen! –
Ach, da kommt der Meister!
Herr, die Not ist groß!
Die ich rief, die Geister,
Werd ich nun nicht los.

    „In die Ecke,
    Besen! Besen!
    Seid's gewesen.
    Denn als Geister
    Ruft euch nur zu diesem Zwecke
    Erst hervor der alte Meister."

Johann Wolfgang von Goethe

a Was macht der Zauberlehrling falsch? Was hat der Meister ihm noch nicht beigebracht?

b Dieses Erzählgedicht eignet sich zum Vorführen.
- Überlegt euch, welche Gegenstände ihr dazu benötigt.
- Lest oder spielt die Rolle des Zauberlehrlings. Dazu müsst ihr herausfinden, was er bei jeder Strophe denkt oder fühlt. Sprech- oder Denkblasen können dabei helfen.

1. Strophe
Hat der alte Hexenmeister
Sich doch einmal wegbegeben!
Und nun sollen seine Geister
Auch nach meinem Willen leben.

vorwitzig

2. Strophe
...

c Welche Veränderungen des Zauberlehrlings stellt ihr fest? Wie könnt ihr diese Veränderungen beim Vortragen der Strophen deutlich machen?

d Manche Textstellen lassen sich auch von einem Chor lesen. Gibt es dazu passende Handbewegungen?

e Was mag dem Hexenmeister durch den Kopf gehen, als er sieht, was sein Lehrling angestellt hat? Schreibe auf.

f Ihr könnt aus dem Text auch ein Schattenspiel oder eine Pantomime herstellen.

4 Müllzauber

Oh, du Ausgeburt der Hölle!
Soll die ganze Welt ersaufen?
Sehe ich an jeder Stelle
eklig hohe Abfallhaufen.

Wehe, wehe, Scheibenkleister!
Herr, wie ist die Not so groß!
Die ich rief, die Abfallgeister,
werde ich nun nicht mehr los.

(Variationen aus Goethes „Zauberlehrling")
Zeichnung: Friederike Groß

a Was hat der Zauberlehrling hier angestellt? Wer könnten die Abfallgeister sein? Erzähle.

b Text und Bild weisen auf ein aktuelles Problem hin.
Lässt es sich auch durch einen wirkungsvollen Zauberspruch lösen?

c Sucht euch ein weiteres aktuelles Problem, auf das ihr aufmerksam machen wollt.

Beispiel:

> Oh, du Ausgeburt der Hölle!
> Soll ich im Papier ersaufen?
>
> Oh, du ...
> Soll ich denn im Stau verharren?
>
> ...
> Soll ich denn ...

– Setze das Gedicht fort.

Gedichte **1**

Ich weiß nicht, was soll es bedeuten,
Dass ich so traurig bin;
Ein Märchen aus alten Zeiten,
Das kommt mir nicht aus dem Sinn.

Die Luft ist kühl und es dunkelt,
Und ruhig fließt der Rhein;
Der Gipfel des Berges funkelt
Im Abendsonnenschein.

Die schönste Jungfrau sitzet
Dort oben wunderbar;
Ihr goldnes Geschmeide blitzet,
Sie kämmt ihr goldenes Haar.

Sie kämmt es mit goldenem Kamme,
Und singt ein Lied dabei;
Das hat eine wundersame,
Gewaltige Melodei.

Den Schiffer im kleinen Schiffe
Ergreift es mit wildem Weh;
Er schaut nicht die Felsenriffe,
Er schaut nur hinauf in die Höh.

Ich glaube, die Wellen verschlingen
Am Ende Schiffer und Kahn;
Und das hat mit ihrem Singen
Die Lore-Ley getan.

Heinrich Heine

a Wie kommt es zu dem Unglück? Erzähle.

b Bereitet das Gedicht zum Vorlesen vor. Ihr könnt den Rhythmus dazu klatschen.

c *„Ach, jetzt müssen wir das Gedicht auswendig lernen!"*, sagen viele. Eigentlich könntet ihr etwas anderes mit dem Gedicht machen. Habt ihr Vorschläge?

2 Sandra schlägt vor so zu tun, als ob das alles heute passieren würde.

Kapitän F. kann sich gerade noch retten

St. Goarshausen. Gestern Abend schlug die geheimnisvolle Unbekannte auf dem Rheinfelsen wieder zu. Ihr Opfer war diesmal Kapitän F. aus Beuel, der mit seinem Schubschiff Kies nach Andernach transportieren sollte.

a Vergleiche diesen Zeitungsbericht mit dem Heine-Gedicht.
b Ergänze die Überschrift und schreibe den Bericht weiter.

3 „20.00 Uhr: Hier ist SDR 3. Guten Abend, meine Damen und Herren! Hier ist SDR 3 mit den Nachrichten. Zunächst die Meldung des Tages: Aus bisher noch ungeklärter Ursache rammte nördlich von St. Goarshausen ein mit Kies beladenes Schubschiff die Uferböschung. Das Schiff stellte sich quer und versank binnen kürzester Zeit. Kapitän und Besatzung konnten sich in letzter Minute retten. Und nun direkt nach Goarshausen zu unserem Reporter Harry X. Hallo Harry!"
„Ja, die Geschichte wird immer geheimnisvoller und ich muss sagen, auch mir läuft eine Gänsehaut über den Rücken, wenn ich daran denke, was heute Abend am Fuß des grauen Felsungetüms bei St. Goarshausen geschehen ist. Guten Abend, meine Damen und Herren, ich begrüße Sie zu unserer Direktübertragung von der Unglücksstelle. Wie ein Gespenstergerippe ragen die Masten des untergegangenen Schiffes aus den Fluten, die das Mondlicht schwefelgelb färbt ..."

a Der Reporter gibt sich große Mühe seinen Zuhörern das Geschehen lebendig und spannend zu berichten. Setze seine Reportage fort.

4 *Reporter:* Gnädigste Dame, es war furchtbar schwer, Sie endlich einmal persönlich zu treffen – man hört ja nur immer von Ihnen. Aber jetzt hat es das MITTAGSBLATT doch geschafft! Würden Sie bitte einige Fragen für unsere Leser beantworten?
Lorelei: Ungern, mein Herr, äußerst

ungern. Aber jetzt haben Sie mich schon mal gefunden – also, …
Reporter: Vielen Dank! Meine erste Frage ist, wie Sie gerade auf diesen zugigen Felsen gekommen sind. Es gibt da die merkwürdigsten Gerüchte.
Lorelei: Sie dürfen mir glauben, werter Herr, dass mir gar nicht recht ist, was da so alles über mich erzählt wird. Die Wahrheit ist, dass …

a Wie könnte Lorelei auf ihren Felsen gekommen sein?
b Welche Fragen wird der Reporter noch stellen? Schreibt weiter.

5

a Warum sind Comics so beliebt?
b Wie kann man im Comic Gefühle ausdrücken, etwa Zorn oder Freude?
c Setzt den Comic fort.

6   **Nach der Rettung**

Es seufzt der Schiffer vom Rheine:
Ich bleib nicht mehr länger alleine.
Ich liebe die Lore
Vom Zeh bis zum Ohre.
Ach, wär sie doch endlich die Meine!

Solch einen „Unsinnsvers" nennt man *Limerick*. Seine Merkmale sind:
– 5 Verszeilen

Zeile 1:	3 Hebungen	Reim a
Zeile 2:	3 Hebungen	a
Zeile 3:	2 Hebungen	b
Zeile 4:	2 Hebungen	b
Zeile 5:	3 Hebungen	a

– Am Ende der ersten Verszeile steht meist ein Ortsname.

---

a Ihr könnt ein richtiges Spiel aus dem Limerickschreiben machen:
Partner 1 schreibt einen Ortsnamen auf.
Partner 2 schreibt die erste Verszeile.
Partner 1 schreibt die zweite Verszeile …

b Stellt euch vor, der Schiffer hat sich tatsächlich in Lorelei verliebt. Wie könnte er ihr seine Gefühle mitteilen?

c Lasst euch von Balladen oder anderen Gedichten in eurem Lesebuch zu ähnlichen Texten anregen.

4. „Das finde ich toll!" – Fernsehserien (W)

1

Schüler aus Steele traf Hasselhoff

In seinem Kinderzimmer hängen die Wände voller Plakate und Fotos von Rockstar David Hasselhoff. Auch lässt er keine Fernsehsendung aus, in der sein Idol auftritt. Klar, dass er vor einiger Zeit mit seiner Mutter das Hasselhoff-Konzert in der Grugahalle besucht hat. Doch nun ging für den sechsjährigen Schüler Alexander Mindermann ein Traum in Erfüllung: Er lernte in einer Sendung „Die Rudi-Carrell-Show" vom Samstag den Sänger persönlich kennen.

Nachdem sich seine erste Aufregung gelegt hatte, unterhielt sich der Junge mit Mut zur Zahnlücke ganz natürlich mit Carrell und Hasselhoff: „Das ist ein netter Kerl", meinte er.
Klar, dass er von seinen Mitschülern, als er ihnen von seinen Erlebnissen während der Aufzeichnung in Köln erzählt hatte, beneidet wurde. „Die waren alle traurig nicht dabei gewesen zu sein. Aber die hätten sich ja auch melden können."

a Alexander lässt keine Sendung aus, in der sein Star auftritt. Wie geht es euch bei Sendungen mit eurem Lieblingsstar?

b Berichte über deinen Lieblingsstar. Wähle ein Foto oder ein Poster, notiere Stichworte über Alter, Hobbys, Werdegang, Filme und erkläre, was dir an deinem Lieblingsstar besonders gefällt.

2 Star ohne Kanten

Jeder mag ihn und er mag jeden. Das ist das simple Erfolgsrezept von David Hasselhoff.

Eine Psychologin erklärt, was Kinder so an ihm fasziniert

Er ist der Held, den man sich als Bruder wünscht

Der Mann wirkt wie der Rattenfänger von Hameln: Wo David Hasselhoff auftritt, zieht er die Kinder in seinen Bann. Sie kreischen und toben in seinen Konzerten, fallen vor Aufregung in Ohnmacht, bekommen hysterische Weinkrämpfe.

Einen Teil seiner Popularität verdankt David Hasselhoff sicher seiner Rolle in der TV-Serie „Knight Rider", durch die er berühmt wurde. Er spielt einen mutigen Detektiv, der seine Fälle mithilfe eines denkenden und sprechenden Autos löst. Aber auch als Rocksänger löst er bei den Kleinen „Zwergenaufstände" aus.

Sein „Looking for Freedom" stand monatelang auf Platz eins der wichtigsten Hitlisten, sein Poster schmückt unzählige Kinderzimmer. 10 000 Fan-Briefe erreichen ihn durchschnittlich pro Woche, die meisten kommen aus Deutschland und die Absender sind selten älter als neun, zehn oder elf Jahre.

Was macht David Hasselhoff zum Superstar der Kleinen?
Eine Psychologin meint dazu:
„Kinder und Teenager suchen sich ein Idol wie David Hasselhoff, denn er ist wie ein Saubermann, ohne Fehler, ohne Schwächen, ohne Ecken und Kanten. In solche Idole können sie ihre Wünsche und Träume leichter übertragen; diese Idole verkörpern den großen Bruder, die große Schwester, den tollen Vater, die tolle Mutter, nach denen sich jedes Kind sehnt. Hat ein Kind keine Idole, so hat es keine Träume."

Kinder brauchen Idole

Pierre Brice als edler Winnetou

„Supermann" Christopher Reeve: Helfer in jeder Notlage

a Welche Eigenschaften werden diesem Star zugeschrieben? Wie reagieren seine Fans?

b Der Text enthält Fachausdrücke und Fremdwörter. Schlage nach und erkläre.

c Gib mit eigenen Worten die Erklärung dieser Psychologin wieder. Suche noch andere Stars und versuche ihre Wirkung zu beschreiben.

3 KNIGHT RIDER. Ein Auto – ein Computer – ein Mann!

Ein Mann und sein Auto kämpfen gegen das Unrecht.

Und so reagieren Schülerinnen und Schüler einer 7. Klasse auf die Serie KNIGHT RIDER:

– Knight Rider ist toll, weil es eine spannende Sciencefictionserie ist.
– Ein Mann und ein Auto kämpfen gegen das Unrecht. Normalerweise ist der Film eher schwachsinnig, da ein Auto (= KITT) gar nicht 500 km/h fahren oder sogar fliegen kann. Der Schluss ist immer gleich: Michael findet ein Mädchen, mit dem er herumpoussiert.
– Na ja, Michael spricht ständig mit dem Wagen; das gefällt mir nicht so gut. Spannend ist die Handlung manchmal schon.
– Ich bewundere KITT mit seinen Funktionen.
– Die Serie ist unrealistisch. Immer geht es um Mord und so. Am Ende hat Detektiv Michael immer eine neue Freundin.
– Knight Rider finde ich seltsam. Eine Fantasieserie, deren Folgen immer gleich enden. Natürlich ist die Handlung unterschiedlich. Die Helden sind in allen Folgen die gleichen. Und sie siegen immer.
– Früher war ich begeistert. Jetzt bin ich das nicht mehr. Es ist immer dasselbe. Das Auto finde ich schon Klasse. David Hasselhoff, der geht so.
– Bei Knight Rider wird so viel mit Tricks gearbeitet.
– Schon die Einleitungsmusik ist Spitze, wenn der Superwagen so aus den Bergen und der aufgehenden Sonne auf die Zuschauer zurast.

a Treffen diese Äußerungen auch auf deine Lieblingsserien zu?

Gespräche führen **b** Untersucht in eurer Klasse, welche Fernsehserien beliebt sind und warum sie beliebt sind.

> Tipps:
> - einen Fragebogen entwickeln, etwa:
>   – Angaben über Serienhelden, über Handlungen und Schauplätze
>   – über Einschätzungen, was besonders gut oder spannend ist
>   – Gründe, warum man jede Folge sehen will oder muss
> - den Fragebogen ohne Namen ausfüllen
> - die Ergebnisse tabellarisch zusammenfassen und besprechen

c Was ist bei den Serien ähnlich? Du kannst das Ergebnis eures Gesprächs zu Hause an einer Serienfolge überprüfen.

4 „Der Duft der Rose" – Folge aus der TV-Serie KNIGHT RIDER

Textzusammenfassung
Das Datencenter der Regierung wird von Gangstern geknackt. Die Foundation* schickt Michael Knight sofort zum Tatort. Er wird angeschossen und schwebt in Lebensgefahr. Nach seinem Krankenhausaufenthalt entschließt er sich, nicht mehr für die Foundation für Recht und Verfassung zu arbeiten. Seine alten Freunde versuchen ihn zu überreden. Vergeblich! Michael verabschiedet sich schließlich von KITT, seinem langjährigen Partner. Zu einem von Michaels Chef Devon arrangierten Abschiedsessen ist auch eine frühere Freundin von Michael eingeladen. Beide verlieben sich erneut und beschließen zu heiraten.
Der Gangsterboss ist überzeugt, dass Michael ihn im Datencenter erkannt hat. Nach seiner überraschenden Genesung ist Michael besonders gefährlich für ihn. Er führt mehrere Anschläge auf Michael und seine Verlobte aus. Dank KITTs Einsatz werden beide jedes Mal gerettet, einmal sogar vor einem Bombenabwurf auf ihr Ferienhaus am Strand.
Am Tage der Hochzeit dringt der Gangsterboss unbemerkt in den Garten mit der Hochzeitsgesellschaft ein. Er zielt auf Michael, dessen Frau als Einzige den Verbrecher und den Gewehrlauf wahrnimmt. Sie wirft sich vor Michael und wird tödlich getroffen. Der Gangster entkommt, aber Michael verfolgt ihn sofort unter KITTs Mitwirkung. Sie stellen ihn und Michael verhaftet den Mörder. Jetzt, nach dem Tod seiner Frau bleibt er der Foundation treu. Er will weiter mit KITT gegen das Unrecht kämpfen.
Das war schon am Anfang zu erwarten, die Serie muss ja weitergehen.

a Welche Merkmale von Fernsehserien findest du in diesem Text?

b Welche Teile werden im Fernsehen besonders spannend ins Bild gesetzt? Besprecht eure Vermutungen.

c Eure Klasse soll gemeinsam die Folge einer Serie anschauen. Stelle dafür deine Lieblingssendung vor: Inhalt wiedergeben, Meinung äußern.

d Wählt eine Folge aus und schaut sie euch an.

> Tipps:
> - alle Vorschläge aus der Klasse an der Tafel notieren
> - jedem Vorschlag bis zu drei Stimmen geben
> - die Fernsehfolge mit den meisten Stimmen anschauen

e Sprecht über die Sendung. Die Tipps auf S. 115 helfen euch dabei. Ihr könnt das Gesprächsergebnis in Stichworten auf Plakaten notieren.

* Foundation (engl.): Stiftung; Auftraggeber des Helden in der Fernsehserie

Mit Texten umgehen

[5] Voll für junge Leute

Die Dauerserie „Marienhof" geht in die zweite Runde. Wichtigste Änderungen: Die neuen 104 Folgen dauern nur noch 25 Minuten und die Rollen der jugendlichen Darsteller wurden ausgebaut.

Für die Tochter der neu zugezogenen Familie Ginster (von rechts: Kerstin Wittemeyer, Bernhard Letizky, Regina Lemnitz) interessiert sich besonders Uwe.

„Themen wie Berufswahl, Lehrstellensuche, Umweltschutz und Schwangerschaft werden angesprochen – Dinge, die vor allem Jugendliche beschäftigen." Dennoch versichert Chefdramaturgin Sonja Goslicki, dass „Marienhof" eine Familienserie bleibt. „Aber wir wollen die Folgen noch mehr auf Jugendliche und junge Leute zuschneiden." Die ARD will die Marktlücke zwischen reinen Kindersendungen und Geschichten, die von Erwachsenen handeln, füllen. Schon bisher kam die Serie bei jungen Zuschauern gut an, dieser Bonus soll jetzt ausgebaut werden.

Dazu rücken nun die „Marienhof"-Jugendlichen Marco Busch, Gärtnerlehrling Uwe Baumann und Ronny Berger ins Zentrum des Geschehens. Die drei führen nun ein bewegtes Liebesleben. So freut sich Uwe über die neu hinzugezogene Familie Ginster, denn zwischen ihm und Fränzi Ginster funkt es gewaltig. Marco verliebt sich in Jenny Wagner und vernachlässigt darüber seine Oldtimer. Dagegen leidet Ronny unter der Trennung von Freundin Lisa, die jetzt Cello studiert und nur noch selten da ist.

Mit Texten umgehen

a Was erfährst du über diese Fernsehserie? Notiere Stichworte.

b Eine Fernsehserie muss auf die Zuschauerinnen/Zuschauer zugeschnitten werden. Wie wird dies bei dieser Serie versucht?

c Wie stellt ihr euch eure Fernsehserie vor? Notiert Stichworte. Stellt daraus eine Collage aus Serienfotos und euren Vorschlägen her.

6 Noch eine Serie: 21, Jump Street – Tatort Klassenzimmer

> Das Hauptquartier dieses Sonderkommandos der Polizei von Los Angeles ist in einer verlassenen Kapelle der Jump Street untergebracht. Von dort aus werden vier jugendlich aussehende Polizisten als so genannte „Undercover-Agenten" in High Schools eingeschleust um die Jugendkriminalität zu bekämpfen. Es geht um Drogen, Erpressung, ja sogar Mord. Zu dieser speziellen Einheit gehören Tom Henson (gespielt von Johnny Depp), Doug Penhal (Peter de Louise), Harry T. Loki (Dustin Nguyen) und als einzige Frau Judy Hoffs (Holly Robinson).

Die Außenseiterin

Judy Hoffs wird in eine Mädchenschule eingeschleust, die kurz vor dem Abschlussball steht. Die Schulleitung wird mit anonymen Briefen bedroht. Jemand will während der Feier die Schule in Brand stecken. Judy soll an der Schule Hinweise suchen und im Falle der Erfolglosigkeit mit ihren Kollegen aus der Jump Street die Feier überwachen.
Sie lernt die sechzehnjährige Maureen kennen, die wegen ihres Übergewichts ständig gehänselt wird und für den Abschlussball keinen Partner hat. Judy, erfolglos in der Suche nach den anonymen Schreibern, überredet ihren Kollegen Doug mit Maureen zur Abschlussparty zu gehen. Plötzlich, mitten in einem Tanz mit Doug …

a Schreibe das Exposee[1] dieser Folge von 21, Jump Street zu Ende.

b Entwirf für eine Folge deiner Lieblingsserie ein Exposee.

c Stellt eure Texte vor und besprecht sie.
– Stimmen eure Entwürfe mit den Personen und Themen der Serie überein?
– Wie habt ihr euch an den Schauplätzen orientiert?
– Passen eure Ideen von den Ereignissen in die Serie?

d Vergleicht eure Entwürfe mit einer der nächsten Folgen.

---
[1] Exposee: Handlungsskizze für einen Film

Rechtschreiben

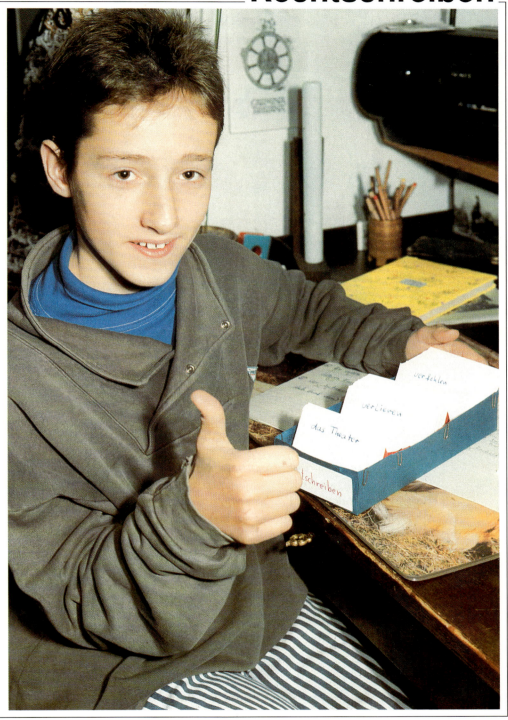

1. Selbstständig berichtigen

1 Flüchtigkeitsfehler entdecken

Soll ich wirklich **jedes** Wort nachschlagen?

> Benvenuto, ein Junge aus Italien, zieht mit den Männern des Dorfes nach Deutschland. In der folgenden Textstelle wird erzählt, wie der Junge im Schwimmbad neue Freunde kennen lernt.

Die Jungen schienen ihren Frieden mit dem Bademeister schließen zu wollen und schwammen zum anderen Beckenrand hinüber. In diesem Augenblick sprang Benvenuto, die Knie an die Brust gezogen, und jetzt schimpfte der Bademeister ihm nach, während er dorthin schwamm, wo die anderen am Beckenrand saßen und die Füße in das Wasser baumeln ließen. Der Schwarzhaarige, den sie Klaus riefen, streckte ihm die Hand entgegen, Benvenuto griff sie und zog sich daran hoch, doch als er schon beide Füße auf den Rand stemmte, ließ der andere los und Benvenuto fiel in das Wasser zurück, schluckte Chlorwasser und schwamm prustend wieder zum Rand. Die anderen lachten, Benvenuto lachte mit. Es schien ihnen zu gefallen, dass er Spaß verstand.

Hans-Georg Noack

a Diktiert euch den Text als Partnerdiktat.

b

1. Buchstaben vergessen	3. Buchstaben umgestellt
2. Buchstaben hinzugefügt	4. Ähnliche Wörter geschrieben

– Fehler dieser Art nennt man Flüchtigkeitsfehler. Kannst du in deinem Text einige finden?
– Du kennst sicher noch das Lesefenster aus Klasse 6. Fertige ein Lesefenster an und kontrolliere damit deinen Text.

c Du kannst eigene Texte aus dem Unterricht auf Flüchtigkeitsfehler untersuchen. Ordne auch diese Fehler den Gruppen zu.

> Tipps:
> - Text weglegen, nach einiger Zeit erneut lesen
> - Text vom Ende her Wort für Wort mit dem Lesefenster lesen

2 Die anderen Fehler entdecken

> Die folgende Textstelle stammt aus dem Buch „Es geschah im Nachbarhaus".

Ein Windstoß packte ihn im Rücken und drückte ihn vorwärts. Waagrecht jagten die Flocken dahin. Hier und da schimmerte das Licht durch eine Scheibe. Kein Mensch war auf der Straße. Der neue Bahnhof lag vor der Stadt, eine Lichtinsel in aller Dunkelheit. In dicke Kleider gehüllt saß etwa
5 ein Dutzend Personen in der Wartehalle.
Die Männer hatten die Hände tief in die Taschen gesteckt, die Frauen hauchten gegen die kalten Finger oder wärmten sie in den Ärmeln. Der Bahnbeamte schloss die Tür auf. Bald musste der Zug kommen. Irgendwo in dem Gebäude schrillte eine Klingel. Der Schrankenwärter Brambusch, der im
10 Krieg den rechten Arm verloren hatte, drehte die Schranke herunter.
Gelbe Lichtaugen schoben sich heran. Von dem Stampfen der Lokomotive war nichts zu hören. Selbst ihr Läutezeichen wurde vom Heulen des Sturms übertönt. Die Maschine fauchte, hüllte sich in Wasserdampf, stand schließlich. Viele Wagentüren öffneten sich.
15 Die Frauen hatten Weihnachtseinkäufe gemacht und erfüllten mit ihrem Schwatzen und Lachen den Bahnsteig. Sigi entdeckte Mutter bereits, als sie die Tür des Abteils öffnete. Er rannte zum Ende des Zuges und nahm ihr die Tasche ab.

Willi Fährmann

a Diktiert euch Teile des Textes als Partnerdiktat.

b Kennst du deine Rechtschreibprobleme? Unterstreiche in deinem Text fünf schwierige Wörter und überprüfe sie dann am Originaltext.

c Vergleiche deinen Text mit dem Text im Buch. Kannst du Fehler finden?

d Ordne deine Fehler den folgenden Fehlergruppen zu:

– Groß- und Kleinschreibung	– Dehnung
– Endungen	– Zusammen- und Getrennt-
– Schärfung	schreibung

Rechtschreiben

3 Winterdienst

Als wir abends endlich nach Hause kamen, wussten wir noch nicht, dass wir noch einmal hinausmussten um einem Kleinbus aus einer Schneewehe zu helfen. „Bei diesem Wetter", schimpfte der Einsatzleiter, „bleiben vernünftige Leute zu Hause." „Der Schneesturm wird heftiger", sagte unser Fahrer
5 und zog seine pelzgefütterten Handschuhe wieder an.
Nach mühseliger Schleichfahrt fanden wir den Wagen. Inzwischen waren noch drei weitere Fahrzeuge stecken geblieben. Die Menschen froren schrecklich, denn sie waren auf den Kälteeinbruch nicht vorbereitet. Nun folgte harte Arbeit. Der Schweiß gefror auf unseren Gesichtern.
10 Gegen Mitternacht waren wir fertig, waren alle auf der Rückfahrt. Wir fuhren als Letzte und mussten noch manchem Fahrer beim Umdrehen helfen, denn an ein Durchkommen war nicht zu denken. Erst nach ein Uhr war ich zu Hause. Todmüde fiel ich ins Bett.

C. F.

a Diktiert euch den Text als Partnerdiktat.

b Überprüfe deinen Text auf Rechtschreibfehler und ordne diese den Fehlergruppen zu.

c Trage die falsch geschriebenen Wörter in deine Fehlerkartei ein, z. B.:

> mühselig
> die Mühe
> mühsam
> sich bemühen

> frieren
> ich friere, du frierst
> ich fror, du frorst
> es gefror
> es ist gefroren

d Aus zwei Diktatverbesserungen

> Die Menschen froren schrecklich, denn sie waren auf den Kälteeinbruch nicht vorbereitet. Nun folgte harte Arbeit. Der Schweiß gefror auf unseren Gesichtern.

> Wir fuhren als Letzte und mussten noch manchem Fahrer beim Umdrehen helfen, denn an ein Durchkommen war nicht zu denken. Erst nach ein Uhr war ich zu Hause.

– Die beiden Schüler haben die unterstrichenen Wörter verbessert. Mit welchen Rechtschreibproblemen hatten sie Schwierigkeiten?
– Welches Rechtschreibproblem kannst du durch Nachschlagen lösen?

4

wieder – wider?	geschi__t
du häl__t	Fartenschreiber – Fahrtschreiber
to__müde	im __llgemeinen
die __eisten	zum __eispiel
	keine __ngst

a Schlage in deinem Wörterbuch nach und schreibe richtig auf.

5 Der Lernzirkel – ein Trainingsprogramm für das Nachschlagen.

Eure Klasse kann in Gruppen einen „Nachschlagezirkel" mit 5 Stationen entwickeln. Jede Gruppe muss danach jede Station außer der eigenen lösen. Ihr braucht:
- für jede Station ein Rechtschreibwörterbuch
- für jede Station ein Aufgabenblatt (DIN A4) und ein Lösungsblatt
- für jeden einen Laufzettel mit den vier Aufgabenblättern.

Beispiele für Nachschlageaufgaben, die ihr mischen, verändern und vor allem ergänzen könnt:
- Infinitive nachschlagen und die Seiten angeben: *du hältst* → *halten (S. XX)*
- die Du-Form von Infinitiven im Präteritum und Perfekt nachschlagen und aufschreiben: *halten* → *du hieltest* → *du hast gehalten*
- den Genitiv von Fremdwörtern suchen: *das Biskuit* → *des Biskuits*
- die Bedeutung von Fremdwörtern aufschreiben: *ein Dekorateur ist …*
- Aufgaben zur Groß-/Kleinschreibung lösen: *den [k/K]ürzeren ziehen; [l/L]eid tun*
- Aufgaben zur Zusammen- und Getrenntschreibung bearbeiten: */weg/ +/sein/* → *weg sein*
- Silbentrennung bestimmen: *Zucker* → *Zu-cker*

a Wählt Beispiele zum Nachschlagen.

b Führt den Nachschlagezirkel durch. Alle müssen alle Aufgaben mit Ausnahme derjenigen der eigenen Station lösen.

c Kontrolliere deinen Laufzettel mithilfe der Lösungsblätter.

2. Zusammen oder getrennt?

Zusammenschreibung

1

Heizen und zugleich Belüften

Die Energiesparidee des Monats
Das neue Energiesparsystem macht's möglich: Während der monatelangen Heizperiode haben Sie auch ohne Fensteröffnen immer wohl temperierte Frischluft in jedem Raum und dazu eine beachtliche Energieersparnis. Thermostatisch geregelte Gebläse führen die richtige Menge Frischluft zu und die gebrauchte Luft ab. Dabei wärmt die Energie der Heizungsluft die winterkalte Außenluft vor.
Speziell für modernisierte Altbauten mit schalldichten Fenstern die Energiesparidee! Unsere sachkundige und kostenfreie Beratung löst Probleme und bringt Ihnen Vorteile.
          Ihre Energieberatungszentrale

a Die Stadtwerke werben für Energiesparen. Was haben sie vorzuschlagen?

b Suche die Zusammensetzungen im Text und ordne sie in einer Tabelle, z. B.:

zusammengesetzte Substantive	zusammengesetzte Adjektive
Energiesparidee	monatelang
...	...

c Mit welchen Wortarten bilden die Substantive und Adjektive Zusammensetzungen?

2 Das „Wortsparschwein"

weich wie Butter  butterweich
einen Finger breit   fingerbreit
von Sagen umwoben   sagenumwoben
vor Freude strahlend   freudestrahlend

a Welche Wortarten können bei der Zusammenschreibung eingespart werden?

> Adjektive und Partizipien schreibt man mit Substantiven zusammen, wenn man dabei Wörter einsparen kann.

b Wenn man bei den folgenden Wortgruppen Wörter einspart, dann ist Zusammenschreibung möglich:
gegen Hitze beständig, mehrere Jahre lang, von Angst erfüllt, durch Sonne gereift, kalt wie Eis, von Schweiß bedeckt.
– Schreibe diese Zusammensetzungen auf.

c Warum stimmen die folgenden Zusammenschreibungen:
gewaltfrei, mondbeschienen, regennass, schrottreif, schuldbewusst, wetterbeständig?
Umschreibe als Wortgruppe.

3 Begegnung

Es war wohl ein Mann von 40 Jahren, der an diesem nasskalten Tag auf mich zukam und mich mit halblauter, angenehmer Stimme nach dem Weg fragte. Es war ein vollschlanker Mann mit Doppelkinn und mit stark gezeichneten Augenbrauen und hellwachen Augen hinter seiner Hornbrille. Sein dunkelblondes Haar war kurz geschnitten. Bekleidet war er hochelegant mit einem dunkelblauen Flanellanzug unter einem hellgrauen Mantel, mit einem rosafarbenen Hemd, mit einer grellblau gestreiften Krawatte. Lediglich die dunkelbraunen Lederschuhe passten irgendwie nicht in dieses Bild.

a Schreibe die elf zusammengesetzten Adjektive auf.

> Adjektive können mit anderen Adjektiven Zusammensetzungen bilden.

b Welche zusammengesetzten Adjektive kannst du beispielsweise mit *bitter-, dunkel-* oder *super-* bilden? Prüfe deine Ergebnisse, indem du in einem Wörterbuch nachschlägst.

c Achtung Ausnahme! Adjektive mit den Endungen *-ig, -isch, -lich* werden **nie** zusammengeschrieben: *riesig groß, unendlich weit, himmlisch gut.*
– Suche weitere Beispiele.

4 Die „Verbkrake"

Präpositionen	Adverbien	Substantive (verblasst)	Adjektive
auf-	davon-	heim-	bereit-
durch-	fort-	irre-	tot-
entlang-	herunter-	preis-	wahr-
entgegen-	hinauf-	stand-	klar-
gegenüber-	voran-	teil-	schwarz-
mit-	zurück-	wunder-	krank-

Rechtschreiben

a Bilde mit diesen Wörtern und den folgenden Verben Zusammensetzungen (Du kannst die Verben mehrfach verwenden.):

> *kommen, sagen, legen, tun, schreiben, schlagen, halten, lachen, geben, finden, bieten, haben, rechnen, arbeiten, nehmen, führen, liegen*

b Bilde mit den sechs „verblassten" Substantiven und den folgenden Verben Zusammensetzungen: *bringen, geben, gehen, haben, halten, kegeln, machen, nehmen,* z. B. *heimbringen* ...
– Schlage in einem Wörterbuch nach, ob du weitere Beispiele findest.

> Die meisten anderen Verbindungen aus Substantiv und Verb sind Wortgruppen und werden getrennt geschrieben: *Rad fahren, Eis essen, Angst haben* ...

c Erstelle nun ein Aufgabenblatt mit zusammengesetzten Verben im Perfekt, im Futur oder mit Modalverben.

> Aufgabenblatt
> 1. Wir haben am Spiel ...
> 2. ...

> Lösungsblatt
> 1. Wir haben am Spiel teilgenommen.
> 2. ...

> Tipps:
> - zuerst das Lösungsblatt, dann das Aufgabenblatt herstellen
> - das Blatt längs knicken
> - mit deiner Nachbarin/deinem Nachbarn austauschen
> - die zusammengesetzten Verben an den richtigen Stellen eintragen
> - das Aufgabenblatt mithilfe des Lösungsblattes prüfen

d „hochfahren", aber „hoch schätzen" – Was denn nun?

> Adjektive können mit Verben Zusammensetzungen bilden, wenn die Adjektive nicht erweitert und nicht gesteigert werden können.
> (1) *Man kann etwas hoch schätzen, etwas anderes aber höher schätzen.*
> (2) *Wer aus dem Schlaf hochfährt, kann nicht höher fahren.*

– Überprüfe diese Regel anhand folgender Beispiele: *gut + schreiben* (= anrechnen), *fern + sehen, fest + halten* (schriftlich), *frei + sprechen* (durch einen Richter), *fest + stellen* (= bemerken).
– Schreibe Sätze im Perfekt: *Die Bank hat mir den Betrag gutgeschrieben.*

5 Buchstabengitter

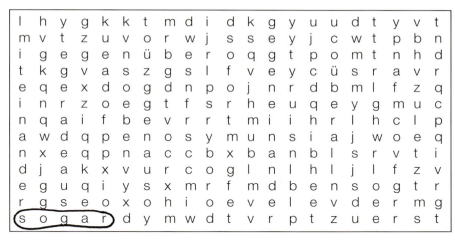

a *sogar* ist ein zusammengesetztes Adverb aus: *so* und *gar*. Suche die elf weiteren zusammengesetzten Adverbien und schreibe sie alphabetisch auf. Ein Tipp: Die Adverbien sind nur waagrecht und senkrecht zu finden.

b Übertrage die Tabelle in dein Heft und fülle sie aus.

Adverb der Art und Weise (5)	der Zeit (5)	des Ortes (2)

c Stellt als weitere Übung ein Aufgabenblatt her; die Lösungsblätter können als Übungsdiktate verwendet werden.

6 Weitere zusammengesetzte Wörter

> **ir·gend:** wenn irgend (irgendwie) möglich – irgend so ein Gauner; aber irgendein Mann – irgendeine; **irgendetwas**; aber: irgend so etwas; **irgendjemand**; **irgendwann**; **irgendwas**; **irgendwer**; **irgendwie**; **irgendwo:** irgendwo anders; **irgendwoher**; **irgendwohin**

a Welche Regel für die Schreibweise mit *irgend-* kannst du aus diesem Wörterbuchausschnitt ableiten?

Rechtschreiben 127

b Schreibe Zusammensetzungen mit *-mal*, *-wegs*, *-dessen*, z. B.:

-mal	-wegs	-dessen
manchmal	*unterwegs*	*stattdessen*
…	…	…

c Überprüfe deine Beispiele durch Nachschlagen. Schreibe die Regel auf.

d *selbst* kommt sehr häufig vor: Bei *selbstsicher* oder *Selbstbedienung* wird zusammengeschrieben, bei *selbst gebacken* auseinander.
Schlage nach und formuliere zwei Regeln, z. B.:

> 1. *Selbst* wird mit Verben und Partizipien in der Regel ▬▬▬▬ .
> 2. *Selbst* wird mit Substantiven und Adjektiven ▬▬▬▬ .

e Stelle ein Aufgabenblatt mit Übungssätzen zu *irgend-, selbst, -mal, -wegs, -dessen* her.

Übungstext **7** Die Stachelschweine

Eine Gesellschaft Stachelschweine hatte sich an einem überaus kalten Wintertag zusammengefunden um zu beratschlagen, wie sie sich vor der großen Kälte schützen könnten. Der Wind, der durch die Bäume fuhr, war so stark, dass er Mensch und Tier vor Schreck zusammenfahren ließ. Da war guter Rat
5 teuer, was zu tun sei. Niemand wollte zusehen müssen, wie sein bester Freund vielleicht erfror.
Da kam ein Stachelschwein, das jeder der Anwesenden gering schätzte, weil es noch zu jung und unerfahren schien, auf eine Idee: „Lass uns enger zusammenrücken. Die gegenseitige Wärme wird uns Schutz bieten." Doch
10 die gegenseitigen Stacheln erwiesen sich als störend, sodass sich die Tiere wieder voneinander entfernten. Sobald jedoch das Bedürfnis nach Wärme wieder größer wurde, wiederholten sie das erste Übel, bis die Stachelschweine eine mittlere Entfernung herausgefunden hatten, in der sie es am besten aushalten konnten. Diese Entfernung nannten sie Höflichkeit und
15 feine Sitte. (148 Wörter)

nach: Arthur Schopenhauer

a Trifft diese Fabel auch das menschliche Verhalten? Diskutiert.

b Bereite den Text als Übungsdiktat vor: zuerst abschreiben, schwierige Wörter nachschlagen, Abschrift mit dem Lesefenster kontrollieren, Text diktieren lassen.

Getrennt- **8** Vier Hilfen
schreibung

> kennen lernen, fertig machen, abhanden kommen, dabei sein, übrig lassen, ruhig bleiben, beiseite legen, spazieren fahren, beisammen sein, miteinander gehen, laufen lassen, weg sein, geradeaus fahren, stecken bleiben, heimlich tun, auseinander setzen, lustig machen, schätzen lernen, ruhen lassen, hier sein, sitzen bleiben, auf sein, spöttisch lachen

a Schreibe die sieben Wortgruppen alphabetisch heraus, die aus zwei Verben im Infinitiv bestehen, z. B.: *kennen lernen*.

b Was stellst du bei den Wortgruppen mit dem Verb *sein* fest? Schreibe die fünf Wortgruppen heraus und formuliere eine Regel.

c Du findest fünf Wortgruppen aus einem Verb und einem zusammengesetzten Adverb. Was stellst du fest?

d Schreibe die restlichen sechs Wortgruppen untereinander auf. Beim jeweils ersten Wort fällt etwas auf. Schreibe ebenfalls eine Regel.

e Ihr habt vier Regeln für die Getrenntschreibung gefunden. Stellt ein Aufgabenblatt und ein Lösungsblatt mit Übungssätzen zu den Regeln her.

f Das Lösungsblatt kann als Partnerdiktat dienen.

9
> drückend heiß, gefangen halten, strahlend hell, rasend werden, glänzend weiß, wütend bleiben, gestochen scharf, abschreckend hässlich, getrennt verpacken, leuchtend blau

a Aus welcher Verbform besteht das erste Wort in den zehn Wortgruppen?
Beispiel:
leuchtend aus *leuchten* ist ein ▭.
getrennt aus *trennen* ist ein ▭.

b Welche Regel für die Getrenntschreibung kannst du aufschreiben?

10 Wichtige Wortgruppen für eure Texte

> vor allem, ein wenig, ein bisschen, immer noch, immer mehr, immer wieder, gar nie, gar nicht, auf einmal, noch einmal, so etwas, wie viel, wie viele, zu viel, zu wenig

a Erstellt zu den 15 Wortgruppen ein Wörterkim (Siehe S. 130).

Rechtschreiben 129

> Regel für ein Wörterkim:
> - die Wortgruppen in unterschiedlicher Schrift, Farbe und Schreibrichtung auf ein Blatt schreiben
> - das Blatt austauschen und etwa eine Minute konzentriert betrachten
> - das Blatt umdrehen, Wörter aus dem Gedächtnis sauber aufschreiben
> - Wort für Wort mit der Vorlage vergleichen

b Wie wäre es mit einem Wortdiktat? Ihr könnt auch Aufgabenblätter anlegen.

c Und wie ist es bei *m/Mal*? Das Wort *Mal* schreibt man getrennt und groß, wenn ein Teil der Wortgruppe erweitert ist:

nicht erweitert	erweitert
diesmal	dieses Mal
keinmal	kein einziges Mal
…	…

– Schreibe ab, schlage unter *mal/Mal* nach und suche weitere Beispiele.

Übungstexte

11 Charlie Chaplin schreibt in seinen Erinnerungen:

Dem Zustand von Mutters Stimme ist es zuzuschreiben, dass ich im Alter von fünf Jahren zum ersten Mal auf der Bühne stand. Mutter nahm mich für gewöhnlich lieber abends ins Theater mit als mich in einem möblierten Zimmer zurückzulassen. Sie spielte damals in einer Kantine auf einer schmutzi-
5 gen, widerwärtigen Bühne.
Ich weiß noch, dass ich in den Kulissen stand, als Mutters Stimme brach und zu einem Flüstern herabsank. Die Zuschauer begannen zu lachen. Mir war nicht klar, was vorging. Aber der Lärm nahm zu, bis Mutter schließlich sehr erregt von der Bühne abging. Dabei versuchte sie dem Direktor klar zu
10 machen, dass sie nicht mehr auftreten könne und heimgehen wolle.
In dem lärmenden Durcheinander hörte ich, wie der Direktor, der sich über meine kleinen Auftritte vor Mutters Freunden schon oft hatte totlachen wollen, davon sprach, mich an ihrer Stelle auftreten zu lassen. Ich erinnere mich, wie es auf seinem Gesicht wetterleuchtete, als er mich auf die Bühne führte,
15 wo ich vom Orchester begleitet, das eine Weile herumprobierte, ehe es meine Tonlage gefunden hatte, zu singen anfing. (175 Wörter)

nach: C. Chaplin

a Schreibe alle zusammengesetzten Verben im Infinitiv heraus. Zu welchen Wortarten gehören die Bestimmungswörter?

b Bereitet den Text als Diktat vor: sauber abschreiben, Text mit dem Lesefenster kontrollieren, abwechselnd als Partnerdiktat nutzen.

12 Ein Radfahrer Rad fuhr genüsslich auf einer grünen Wiese. Da herbeirannte ein Wirtland. Er herumfuchtelte mit einer Gabelmist. Der fröhlichfeuchte Wanderrader achtete dies miss, weil er vom Schiebenkegel kam. Als Siegerkegel hatte man ihn haltgefreien. Deshalb deutete er das Geschreiwut miss.
5 Er hielt es für einen Gesanglob und wollte den Rotzornen unbedingt kennen lernen. Kurz bevor es zu dem reichenfolgen Stoßzusammen kam, stürzte er in einen Grabenwasser und wäre fast im Wasserab ertrunken, wenn ihn nicht sein schnaubwutender Rettersleben herausgezogen hätte. Er wunderte sich nur losmaß, dass der Mannsbauer ihn mit Schellmaulen kosliebte. (91 Wörter)

a Da ist einiges durcheinander geraten. Schreibe den Text Satz für Satz um.

b Kontrolliert eure Abschrift in Partnerarbeit. Welche Wörter habt ihr falsch geschrieben? Benutzt eure Abschrift als Übungsdiktat.

13 In den Straßen von Göteborg

Als wir Göteborg erreichten, schlug mein Vater vor hier ein Weilchen Station zu machen. „Wann können wir jemals wieder eine so schöne Stadt anschauen? Wir werden uns alle wunderbar unterhalten", sagte er. Natürlich führte er unseren Zug an. Es kam uns zugute, dass es noch früh am Tag war.
5 So gab es kein Gedränge, in dem ein Kind beiseite gestoßen werden konnte. Trotzdem drehte sich mein Vater von Zeit zu Zeit um und sagte: „Passt auf, Kinder, dass hier niemand abhanden kommt." Wie die Geschäfte ihre Schaufenster ausgeschmückt hatten! Trotzdem würden wir den Händlern nichts abkaufen können. Tante Lovisa blieb plötzlich wie angewurzelt vor einem
10 mit Schwanenfedern und Rosenknospen geschmückten Hut stehen. Mein Vater machte ihre Träume zunichte, indem er sagte: „Liebe Schwester, du bist doch nicht mehr siebzehn!" „Wenn ich auch eine alte Frau von vierzig Jahren bin, lieber Gustav", entgegnete Tante Lovisa, „so halte mir bitte meinen Sinn für Schönheit zugute." „Natürlich möchte ich dir jede Freude zuteil
15 werden lassen", rief mein Vater erschrocken. Tante Lovisa lenkte ein: „Ich wüsste auch gar nicht, wie die Weiterfahrt mit solch großem Hut vonstatten gehen sollte." Wir anderen atmeten alle auf. Doch wir waren noch nicht am Ende unserer Tour angekommen. (197 Wörter)

a Bereite den Text als Übungsdiktat vor.
– Schreibe zuerst alle zusammengesetzten Verben im Infinitiv heraus und schlage zur Kontrolle nach.
– Schreibe danach andere Zusammensetzungen auf, z. B.: *vonstatten*.
– Welche weiteren Wörter erscheinen dir schwierig? Schreibe auf.

b Lasse dir den Text oder einen Teil des Textes diktieren und vergleiche ihn anschließend mit dem Original.

3. Großschreibung

1 Ärgerlich

Der Bauer erlaubt das Zelten auf seiner Wiese nicht. Er schickt die Mädchen zum Übernachten in die nahe gelegene Jugendherberge. Mit seinem Schimpfen hat er den Mädchen Angst gemacht. Deshalb bauen sie ihr Zelt wieder ab und verlassen die Wiese.

a Bauer Wolf ist als freundlicher Mensch bekannt. Weshalb verjagt er trotzdem die Mädchen von seiner Wiese?

b Im Text tauchen Substantive auf, die aus Verben entstanden sind. Schreibe sie heraus.

2 Anordnungen und Verbote auf einem Campingplatz

> Die Fahrzeuge dürfen nur auf dem Waschplatz hinter dem Eingangsbereich gereinigt werden.

> Zwischen 13 und 15 Uhr darf der Platz nicht mit dem Fahrzeug verlassen werden.

> Nur Vertreter der Platzleitung dürfen Campingfahrzeuge oder Zelte an die Stromversorgung anschließen.

> Offene Feuer dürfen auf dem Platz nicht entzündet werden.

a Forme die Sätze so um, dass sie auf Verbots- oder Gebotsschildern stehen können. Beispiel:

> Das Reinigen der Fahrzeuge ist nur…

b Dem Bauern tat es Leid, dass er die Mädchen so verschreckt hatte. Deshalb stellte er Schilder auf den Wiesen auf, die häufig zum Zelten benutzt wurden.

> Das Zelten und das Lagern sind nur auf der frisch gemähten Wiese erlaubt.

> Zelten und Lagern nur auf der frisch gemähten Wiese erlaubt.

Reinigen, Zelten, Lagern sind Substantive geworden. Sie können von Artikeln begleitet werden. Zur Kontrolle kannst du die **Artikelprobe** durchführen.

c Der Barfußbereich darf nicht mit Straßenschuhen betreten werden.
Diese Privatstraße dürfen Unbefugte nicht befahren.
Den Spielplatz dürfen nur Kinder bis 7 Jahre benutzen.
In den bereitgelegten Filzschuhen dürfen Sie das Schloss besichtigen.

– Formuliere die Sätze als Gebote oder Verbote um.

3 Besuch beim Förster

Kürzlich besuchten wir den Förster im Hardtwald, denn wir waren am Anlegen eines Feuchtbiotops sehr interessiert. Er sollte uns beim Suchen eines geeigneten Platzes beraten. Große Schwierigkeiten beim Festlegen bereitete uns die dreispurige Bundesstraße. Auf ihr sterben jährlich viele
5 Kröten beim Wandern zu den Laichplätzen. Nach langem Suchen fanden wir schließlich einen geeigneten Platz. Zum Herrichten werden wir noch einige Wochen brauchen.

a Auch in diesem Text kommen Substantive vor, die aus Verben abgeleitet wurden. Du kannst sie an ihren Begleitwörtern erkennen: **am** Anlegen.

– Schreibe die sechs Substantive mit ihren Begleitern heraus.

> Diese Begleiter sind **Präpositionen** (Verhältniswörter). Sie verbinden sich oft mit dem Artikel zu einem Wort: *bei dem = beim, auf das = aufs.*

b Wozu brauche ich denn das?
Das Flickzeug brauche ich …
Die Wanderkarte …
Den Schuhlöffel …
Das Rechtschreibwörterbuch …

– Schreibe ab, ergänze und suche weitere Beispiele.

4 Sein Toben nützte nichts. „Wenn du mitspielen willst, musst du dich an die Regeln halten", sagte die Mutter. „Aber ich will doch gewinnen!", jammerte Johannes unter Tränen. „Alle wollen beim Spielen gewinnen", versuchte die Großmutter zu trösten.
5 „Unser Weinen wird die beiden nicht rühren", sagte der Großvater mit weinerlichem Schmunzeln. „Ich kann dein Weinen nicht ertragen, wenn du dazu lachst", ärgerte sich Johannes.
„Weißt du was? Ich will doch einmal sehen, ob wir nicht sogar beim Verlieren lachen können. Dann werden die andern sich wundern."
10 Diesen Vorschlag machte die Mutter und er leuchtete Johannes ein. Nun konnten sie vergnügt miteinander weiterspielen.

C. F.

a Verlierenkönnen will gelernt sein. Welche Erfahrungen hast du gemacht?

b Welche Begleiter von Substantiven, die aus Verben abgeleitet sind, tauchen in dieser Geschichte auf? Schreibe sie heraus.

c Lasse dir einen der Abschnitte diktieren. Überprüfe danach auch die Zeichensetzung bei der wörtlichen Rede.

d Schreibe die folgende Regel ab und fülle aus.

Verben können zu ▓▓▓ werden. Du kannst sie erkennen, denn sie können begleitet sein von
— einem ▓▓▓ : *Das war ein Toben und Pfeifen.*
— einem ▓▓▓ : *Dein Toben nützt nichts.*
— einer ▓▓▓ : *Beim Spielen kann man verlieren.*

5 Klimaveränderung

DIE VERÄNDERUNG DES KLIMAS KANN BESONDERS DEUTLICH AM ANSTEIGEN DES MEERESSPIEGELS WAHRGENOMMEN WERDEN. DURCH DIE WELTWEITE ERWÄRMUNG DER LUFTHÜLLE STEIGEN AUCH DIE WASSERTEMPERATUREN IN DEN MEEREN. DABEI KOMMT ES ZU EINER
5 AUSDEHNUNG DER WASSERMASSEN. AUSSERDEM FLIESST DURCH DAS ABSCHMELZEN DER GLETSCHER ZUSÄTZLICH WASSER INS MEER. ES KÖNNTE SOGAR ZU EINEM VERSTÄRKTEN AUFTAUEN DER EISMASSEN IN DEN POLARGEBIETEN KOMMEN. DIE FOLGE WÄRE EIN ZUSÄTZLICHES ANSTEIGEN DES MEERESSPIEGELS. ES KÄME ZU EINER ÜBERFLUTUNG
10 RIESIGER KÜSTENGEBIETE. BIS ZU 50 MILLIONEN MENSCHEN WÄREN DANN ZUM VERLASSEN IHRER HEIMAT GEZWUNGEN.

nach: Kerner/Kerner

a Kennst du andere Folgen der Klimaveränderung?

b Schreibe die fünf Substantive aus dem Text heraus, die aus Verben entstanden sind. Die Artikelprobe hilft dir.

c Vier weitere Substantive kannst du an der Endsilbe *-ung* erkennen. Schreibe sie und das Verb heraus.
Beispiel: *die Veränderung* → *verändern*

d Schreibe den Text richtig ab.

e Übungstext

DAS ABSTELLEN DER FAHRZEUGE IST NUR DEN ANLIEGERN ERLAUBT. VOR EINER STRASSENKUPPE IST DAS ÜBERHOLEN LEBENSGEFÄHRLICH. FUSSGÄNGERZONE! DAS ENTLADEN IST NUR VON 7 BIS 10 UHR GESTATTET. ZUM ABSTELLEN DER FAHRRÄDER DIE MARKIERTE STELLFLÄCHE BENUTZEN! VOR BETRETEN DER BADEHALLE GRÜNDLICH DUSCHEN!

— Schreibe in üblicher Rechtschreibung ab. Kontrolliert euch gegenseitig.

6 Partnerdiktat

Ferienerlebnis am Meer
Ein Sturm hatte wechselhaftes Wetter und starke Winde gebracht. Das Baden an der Felsenküste war für einige Tage verboten. Zwar lud strahlender Sonnenschein zum Sonnenbaden ein, aber wir entschlossen uns zum Wandern.
5 Wir wollten den Weg zum Leuchtturm an der Inselspitze erkunden.
* Auf Anraten unserer Wirtsleute rüsteten wir uns mit Wetterzeug und Regenschirmen aus und brachen auf. Nach längerem Marsch über verkehrsreiche Straßen erreichten wir einen Wiesenpfad. Das Gehen über den weichen Weideboden tat gut.
10 Hinter den Klippen hörten wir das Rauschen und Tosen der Brandung. Es war Flutzeit.
* Möwen schwebten über dem Klippenabbruch; Uferschwalben schossen mit spitzen Schreien auf uns zu und knapp an uns vorbei. Über dem Meer zog eine dunkle Wolkenwand immer höher. Der Wind wurde stärker und der
15 Regen setzte ein. An ein Aufspannen der Schirme war nicht zu denken. Schließlich peitschte der Sturm den Regen waagrecht auf uns zu.
* Wir flüchteten zu einem nahen Campingplatz. Trotz der wasserdichten Umhänge waren unsere Hosen zum Auswringen. Das Wasser quoll aus den Schuhen.
20 Es wurde kühl und das lange Warten in dem nassen Zeug unangenehm. Nach einer guten Stunde ließ das Toben nach. Der Himmel hellte auf und wir konnten unsere Wanderung barfuß fortsetzen.

C. F.

a Bearbeitet zwei Abschnitte im Wechsel als Partnerdiktat.

b Nach dem Diktat lest ihr den eigenen Text langsam durch. Danach kontrolliert ihr den fremden Text.

7 Übungstext

DAS WAR EIN SINGEN UND JUBELN. NIEMAND DACHTE ANS AUFHÖREN. SIE TANZTEN UND SANGEN, BIS SIE HEISER WAREN.
NUR VALENTIN HATTE KEINE LUST ZUM TANZEN. ER SASS ALLEIN IN EINER ECKE UND VERGNÜGTE SICH MIT REDEN UND ZUSCHAUEN. OBWOHL ER SICH BEIM TANZEN NICHT ANGESTRENGT HATTE, WURDE ER BALD MÜDE UND MACHTE SICH AUF DEN HEIMWEG. SEIN FRÖHLICHES PFEIFEN WAR NOCH LANGE ZU HÖREN.

a Schreibe richtig ab. Danach tauscht ihr die Hefte zur Kontrolle aus.

Adjektiv **1** Adjektive können Substantive werden

Kindermode: Mädchen tragen Rosa, Knaben Hellblau

Die Mode, Mädchen in Rosa, Knaben in Hellblau zu kleiden, kam im 19. Jahrhundert in besonders vornehmen Familien auf; seit den Zwanzigerjahren unseres Jahrhunderts ist dieser Brauch allgemein bekannt. Vorher war Weiß die am häufigsten verwendete Farbe für Säuglingskleidung. Es sollte
5 ein Zeichen für die Unschuld des Kindes sein. Außerdem besaß es die wichtige Eigenschaft kochecht zu sein. Oft versah man die weiße Kleinkinderkleidung mit roten Borten, Bändern und Häubchen. Sie sollten keineswegs anzeigen, ob es sich bei dem Kind um einen Jungen oder ein Mädchen handelte, sondern entsprangen abergläubischen Vorstellungen, wonach Rot
10 vor dem „bösen Blick" und vor Unheil schützen sollte.
Die in der Zeit um 1900 weit verbreiteten Matrosenanzüge orientierten sich an der Farbe der Marineuniform und waren in Blauweiß; für Mädchen gab es auch rote Matrosenkleider. Ein in vornehmen Familien sehr beliebtes Gegenstück zum blauen Matrosen- oder Samtanzug der Jungen stellte
15 der rote Samtmantel der Mädchen dar. Für viele dieser Familien galt er offensichtlich als Inbegriff des Feinen und Vornehmen und war deshalb entsprechend begehrt.

a Welche Farben sind heute bei den Eltern beliebt?

b Im Text kommen die Bezeichnungen für Farben als Adjektive und als Substantive vor. Lege eine Tabelle nach folgendem Muster an:

Farbbezeichnung als Adjektiv	Farbbezeichnung als Substantiv
weiße Kleinkinderkleidung	*in Rosa kleiden*
...	...

c Wie kleiden sich Sportler, Touristen, Jugendliche…? Schreibe einige Sätze.
Beispiel:
Radrennfahrer sind in ihren grellbunten Jacken gut zu sehen.
Die Helme und Rucksäcke der Kletterer leuchten in Gelb oder Orange.

2 Übungstext

Ein rauer Nordostwind fegte in der Nacht über die weiße Schneefläche der fränkischen Landschaft.
Dort, wo am Ende des Sommers das Gelb der Weizenfelder gegen das Grün der Zuckerrübenäcker absticht, bildet nun verwehter Schnee eine kleine
5 bizarre Welt von lang gestreckten Erhebungen mit scharfen Graten.
„Das Betreten ist verboten" hätte der Nachtfrost mit einem Griffel vor den Eingang dieser Wunderwelt schreiben müssen, doch niemand kümmert sich darum.
Die Hasen des Reviers zerwühlen unentwegt die weiße Pracht um auf der
10 gefrorenen Ackerkrume die Rüben zu suchen, die der Bauer ihnen als Futter überlassen hat. Das Finden der Nahrung ist für sie eine Frage auf Leben und Tod. Nur am Sonntagnachmittag verkriechen sie sich im Dunkel des Waldes, wenn das Skiwandern einsetzt.
Kreuz und quer ziehen die Langläufer ihre Spuren in den Schnee. In der
15 Ferne verschwimmen das Weiß der Erde und das Grau des dämmernden Himmels ineinander, ohne dass das Auge noch den Horizont erfassen könnte.

a Schreibe alle substantivierten Adjektive mit ihren Begleitern heraus.
b Schreibe auch die drei substantivierten Verben mit ihren Begleitern heraus.
c Verwendet den ersten und den letzten Diktierabschnitt als Partnerdiktat.

3 *Groß oder klein?* Das ist hier die Frage

Nicht nur die Jungen bevorzugen heute leuchtende Farben. Auch die Alten lieben das Bunte.
Ich mag aber nichts Grelles, ich bevorzuge eher etwas Zartes. Im Sommer am Strand dagegen gefällt mir das Bunte, freue ich mich über die leuch-
5 tenden Farbtupfer der Sonnenschirme und der Badetücher.
Etwas anderes ist es beim Wandern. Bunt gekleidete Wandergruppen bevölkern die Landschaft. Kniestrümpfe, Anoraks und Rucksäcke leuchten in hellstem Gelb, Rot oder Pink.
* Wie unauffällig kommt dagegen der Forstmann daher in seinem einheit-
10 lichen Grün. Auf dem Farbfoto mit der fröhlichen Wandergruppe ist er kaum zu entdecken. Umso besser machen sich auf dem Schnappschuss kräftige Farben im „eintönigen" Grün oder Gelbbraun von Wald und Feld. Sie geben jeder Aufnahme etwas Besonderes. Wer mag da noch behaupten, es gebe wenig Erfreuliches in unserer Zeit?

C. F.

a Schreibe alle substantivierten Adjektive mit ihren Begleitern heraus.

Artikel + Substantiv	Präposition (Artikel) + Adjektiv + Substantiv	? + Substantiv

b Kannst du für die dritte Spalte eine Regel aufschreiben? Etwa so:
Nach ▬, ▬ und ▬ werden ▬ zu Substantiven und deshalb ▬ geschrieben.

c Du findest im Text auch die Ausnahme mit „anderes". Schlage in deinem Wörterbuch unter „andere" nach.

4 Chaplin wußte nicht, wie er sich schminken sollte. Es sollte nichts VERRÜCKTES, sondern etwas NEUES sein:
* „Als ich jedoch auf dem Weg zur Requisitenkammer war, kam mir die Idee, ausgebeulte Hosen, RIESIGE Schuhe, einen Spazierstock und eine
5 SCHWARZE Melone als Kostüm zu nehmen. Die Hose mußte zu WEIT, die Jacke zu ENG, der Hut zu KLEIN, das Schuhwerk zu GROSS sein. Ich klebte mir einen KLEINEN Schnurrbart an, ich dachte, mir dadurch Jahre zuzulegen, ohne meinen Gesichtsausdruck zu verbergen.
* Zunächst wußte ich noch nichts von dieser Figur. Als ich aber das Kostüm
10 am Leibe hatte, ließen mich die Kleider und Schminke fühlen, was für ein Mensch das war. Er ist ein Tramp, ein Gentleman, ein Dichter, ein Träumer

und ein EINSAMER Bursche. Immer hofft er, es möge ihm etwas ROMANTISCHES oder ABENTEUERLICHES begegnen."

Charles Chaplin

a Welche der mit Großbuchstaben geschriebenen Wörter sind Adjektive, welche sind Substantive? Welche Regeln kennst du?

b Diktiert euch die ersten beiden Teile des Textes als Partnerdiktat.

c Unterstreiche in deinem Text die beiden Substantive, die aus Adjektiven entstanden sind.

5 Du kannst Substantive manchmal auch an ihren besonderen Endungen erkennen: *-heit*, *-keit* und *-tum*.

a Verwandle die folgenden Adjektive durch Anhängen einer dieser Nachsilben in Substantive.

bekannt	berühmt	farbig	fein
gemein	gewiss	grob	heilig
irr	klar	kostbar	krank
reich	richtig	sauber	schön
schwierig	sicher	traurig	wahrscheinlich

Beispiel:
bekannt + heit → die Bekanntheit

b Verwende einige dieser Substantive in Sätzen.

Sprachbetrachtung und Grammatik

1. Wiederholung

Wortarten **1** Wettervorhersage für demnächst

Heute Dauerregen, morgens noch starke Bewölkung, tagsüber gelegentliche Schauer, nachmittags aufklarend, nachts kalt

a Bestimme die Zeitangaben. Man nennt diese Wörter Adverbien.

b

abends	dort	hier	jetzt	sehr
bald	draußen	hinauf	leider	überall
darum	eilends	hinterher	morgens	vergebens
demnächst	endlich	heute	nämlich	vielleicht
deshalb	herein	irgendwie	oben	wieder

— Ordne die Adverbien nach *Zeit* (Wann?), *Ort* (Wo?), *Art und Weise* (Wie?) und *Grund* (Warum?) in einer Tabelle.

c Adverbien kann man nicht deklinieren oder steigern, etwa: *die balde Ankunft* oder *dort – dorter*. Überprüfe an Beispielen.

> Das **Adverb** ist eine Wortart, mit der die näheren Umstände zur Art und Weise, zum Grund, zum Ort und zur Zeit benannt werden. Es kann nicht verändert, also nicht dekliniert und nicht gesteigert werden.

2 Der Ballkünstler

Der Künstler spielt ▬ dem Ball. Er legt ihn ▬ den Fuß. Plötzlich fliegt er ▬ den Kopf. Langsam rollt er ▬ das Genick. Dort verharrt er wenige Sekunden ▬ Ruhe. Der Künstler schaut ▬ den Zuschauern hinüber. Da fällt der Ball ungewollt ▬ den Boden. Geschickt fängt er ihn ▬ beiden Händen auf. Da hält er einen Arm ▬ die Höhe. ▬ dem Zeigefinger dreht sich der Ball. Alle freuen sich ▬ die Kunststücke.

a Schreibe den Text ab und setze die fehlenden Präpositionen ein.

> **Präpositionen** bestimmen den Kasus des folgenden Substantivs, zum Beispiel: mit *dem* Ball, (*Dativ*), auf *den* Boden (*Akkusativ*).

142 Sprachbetrachtung und Grammatik

3

Ein Walkman ist Spitze, ▓ mich redet keiner mehr ungefragt an. *Nadine, 13 J.*	WALKMAN: Ja ▓ Nein	Ich schimpfe, ▓ meine Kinder den Walkman tragen, ▓ kann man es noch verbieten? *Herr K., 40 J.*
Den Walkman habe ich immer dabei, ▓ kann ich mich so richtig abreagieren. *Sven, 14 J.*	▓ es so richtig langweilig ist, kommt der Walkman mit. *Holger, 12 J.*	Ich glaube, ▓ Walkmen zu Unfällen führen, ▓ keiner mehr hinhört ▓ aufpasst. *Frau S., 35 J.*

a Wo kannst du eine der folgenden Konjunktionen einsetzen: *aber, da, dass, denn, oder, und, weil, wenn*?

> Mit **Konjunktionen** verbinden wir Sätze. Mit wenigen Konjunktionen, etwa *und, oder, aber* können wir auch Wörter oder Satzglieder verbinden.

b Bestimme die Konjunktionen in den Zeitungstexten auf S. 150.

4 Anja sucht eine Brieffreundin

Ich habe am 2. Mai Geburtstag. Vor sechs Jahren sind wir nach Bietigheim umgezogen, hier besuche ich die 7. Klasse der Realschule. Mein Lieblingsfach ist Sport. Beim Werfen habe ich den ersten Platz erreicht. Im 100-Meter-Lauf bin ich die Zweite in unserer Klasse. Nur meine Freundin lief zwei zehntel Sekunden schneller als ich. Englisch habe ich auch gerne.
Ich habe noch zwei Geschwister. Mein jüngerer Bruder ist gerade $8\,^1/_2$ Jahre alt, meine ältere Schwester ist schon 21. Sie zog vor einem Jahr nach Stuttgart und studiert im 2. Semester Maschinenbau.
Meine Mutter kommt leider immer erst um sechs Uhr abends nach Hause. Nach 20 Uhr darf ich nicht mehr fernsehen.
Ich würde mich freuen, wenn mir jemand schreiben würde.

a Was meint ihr zu diesem Brief? Was würdet ihr schreiben?

b Bestimme die Grundzahlen, Ordnungszahlen und Bruchzahlen in dem Brief.

> Wörter, durch die Zahlen bezeichnet werden, heißen **Zahlwörter** oder **Zahladjektive**, z. B. *sechs*, der *erste* Platz, *tausend*, sie wurde *Dritte*.

5 Anja hat ein bisschen Angst vor dem ersten Brief. Zwar hat sie schon viele Briefe geschrieben, aber die meisten gingen an Opa und Opa war großzügig. Nur wenige Male schrieb sie ihrer Tante. Das machte sonst immer Mutter. Aber jetzt muss sie alle Briefe beantworten, da gibt es keine Entschuldigung.

a Auch dieser Text enthält Mengenangaben. Schreibe sie heraus.

> Unbestimmte Mengenangaben wie „viele" gehören ebenfalls zu den Zahlwörtern. Sie werden meistens kleingeschrieben, auch wenn ein Artikel dabeisteht.
> Beispiele: *Nach der langen Wanderung war ich ein wenig müde.*
> *Das haben schon viele erlebt.*

6 Der Weise

Der Weise verbeugte sich ein wenig zur Erde und antwortete dem König: „Mein Herr und König, wenn ich Gnade gefunden habe, so gewähre mir eine Bitte. Siehe, ich habe die Tafel meines Spiels in vierundsechzig Felder geteilt. So befiehl nun deinen Knechten, die die vielen Getreidehäuser ver-
5 walten, dass sie auf das erste Feld ein Weizenkorn legen, auf das andere zwei, auf das dritte vier, auf das vierte acht und so immer fort. Auf dem achten Feld sind es dann schon über hundert, auf dem elften über tausend und auf dem 21. schon über eine Million. Dies lasse meine Belohnung sein."
Wie der König dies hörte, geriet er in einen großen Zorn. „Du hast nicht
10 gefordert wie ein weiser Mann, sondern wie ein Narr. Meinst du etwa, dass ich dir deinen Wunsch nicht erfüllen kann?", rief er. Und er konnte nicht. Um alle vierundsechzig Felder des Schachbretts zu bedecken sind Tausende von Weltweizenernten erforderlich.

a Diktiert euch gegenseitig den Text in Abschnitten.

b Tauscht eure Hefte aus und kontrolliert euch gegenseitig.

Satzglieder **1** Die Bienen und der Bär

1 Seit Wochen trabte ein Bär an einem Bienenstock vorbei.
2 Eines Tages warnte eine wachhabende Biene ihre Mitbürgerinnen.
3 „Wir müssen aufpassen. Dieser Bär ist gierig auf Honig."
4 Am nächsten Morgen lief der Bär schnell vorüber.
5 Da zog der ganze Bienenschwarm wegen des Räubers vor den Korb.
6 Die Bienen beobachteten aufgeregt den Bären und schwirrten hin und her.
7 Voller Neugierde blieb der Bär stehen.
8 „Wir lassen uns den Honig nicht ohne Kampf stehlen."
9 Erstaunt blickte der Bär auf.
10 Zum ersten Mal bemerkte er den Bienenstock.
11 Gleichzeitig roch er den Honig.
12 Gierig warf er den Stock um und fraß den Honig voll Genuss.

a Welche Lehre ziehst du aus dieser Fabel?

b Bestimme die Subjekte in den Sätzen. Was kannst du aus ihnen für den Ablauf des Geschehens folgern?

c Bestimme die Prädikate und Objekte.

d Erfrage die adverbialen Bestimmungen.
Hilfen:
Wann? Wie lange? Wie oft?	adverbiale Bestimmung der Zeit
Wo? Wohin? Woher?	adverbiale Bestimmung des Ortes
Wie?	adverbiale Bestimmung der Art und Weise
Warum?	adverbiale Bestimmung des Grundes

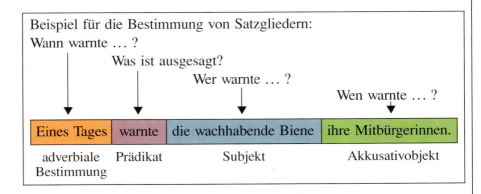

Sprachbetrachtung und Grammatik

2. Sätze verbinden, Kommas setzen

1 Sprichwörter

1 Ich lasse den Hund bellen,	der andere verzehrt den Braten.
2 Wirf nur mit Dreck,	singen kann er nicht.
3 Der eine jagt das Wild,	es bleibt immer etwas kleben.
4 Ein leerer Topf am meisten klappert,	die großen lässt man laufen.
5 Man kann viele Freunde haben,	man lernt nicht für die Schule.
6 Ein Streit ist bald angefangen,	ein leerer Kopf am meisten plappert.
7 Galgen sind für kleine Diebe,	keiner kann alles.
8 Keiner kann nichts,	ein Streit ist schwer beendet.
9 Man lernt fürs Leben,	in der Not lernt man die wahren Freunde kennen.

Sprichwort
→ S. 172

a Schreibe die Sprichwörter richtig ab.
Du kannst einige Sätze durch die Konjunktionen *allein, doch, aber, denn* verbinden; du kannst auch einige Sätze unverbunden nebeneinander stellen.

Beispiele:

(1) Keiner kann nichts**,** [**;**] keiner kann alles.
(2) Der eine jagt das Wild, **doch** der andere verzehrt den Braten.

b Woran kannst du Hauptsätze erkennen?

Satzverbindung:
Komma
Semikolon

> Werden zwei oder mehr Hauptsätze verbunden, nennt man das eine **Satzverbindung**. Die Sätze einer Satzverbindung werden in der Regel durch Komma getrennt. Statt eines Kommas kann auch ein Semikolon (;) verwendet werden. Es grenzt stärker als ein Komma ab.

c Wähle Sprichwörter aus und erkläre, was sie bedeuten. Du kannst auch eine kurze Geschichte schreiben.

Beispiel:

> Es waren einmal zwei Brüder, die in einer Band spielten.
> Der eine komponierte einen tollen Song, der andere aber...

Sprachbetrachtung und Grammatik

2 Ein toller Ferienabend

Beim Abendessen verkündete Vater: „Heute gucke ich Fußball." ▢ Mutter protestierte ▢ sie wollte lieber ins Kino gehen. Vater brummte etwas von Verschwendung ▢ wir machten uns auf den Weg. Vor der Kinokasse herrschte eine drangvolle Enge ▢ viele Leute wollten diesen guten Film sehen. Fast hätte ich mich vorgedrängelt ▢ ich wollte keinen Ärger riskieren.

a Schreibe ab, verbinde Sätze und begründe die Kommasetzung.

> Werden zwei Hauptsätze durch *und* oder *oder* verbunden, so steht in der Regel **kein** Komma, z. B.:
> Heute gehen wir ins Kino *oder* wir gucken Fußball.
> Ein Komma kann zur Gliederung der Satzverbindung stehen:
> Wir nahmen die Fahrräder (,) *und* das Auto blieb in der Garage.

b Wir warteten geduldig. Wir vertrieben uns die Zeit mit Personenraten. Schließlich kamen wir an die Kasse. Wir erhielten nur noch Notsitze. Wir verzichteten auf die Karten. Wir waren wütend. Wir hatten uns so auf die Vorstellung gefreut. Wir überlegten, was wir jetzt tun könnten. Vater schlug einen Stadtbummel vor. Er wollte sofort losgehen. Mutter hielt ihn zurück. Sie hatte einen besseren Vorschlag.

– Wo lassen sich Sätze verbinden? Begründe.

c Überprüft gemeinsam eure Kommasetzung.

3 Statt Kino – Eis!

Mutter tröstete uns und lud uns zu einem Eis auf dem Franziskanerplatz ein. Nun hatten wir wieder gute Stimmung und alle ließen sich das Eis schmecken. Mutter hatte einen Schwarzwaldbecher bestellt aber sie konnte die riesige Portion nicht schaffen. So kam ich zu einem zweiten, kleineren Eis doch ich hätte an diesem Abend spielend noch eines essen können.
Ein Nachbar kam vorbei und setzte sich zu uns. Er erzählte sehr witzig von seinem Badeurlaub und wir schüttelten uns vor Lachen. Um 22 Uhr kamen die Leute mit ernsten Gesichtern aus dem Kino aber wir saßen immer noch lachend in der Eisdiele. Ich habe selten einen so lustigen Ferienabend erlebt.

a Schreibe den Text ab und setze die fehlenden Kommas ein.

b Warum wird das Subjekt manchmal weggelassen, manchmal wiederholt?

c Korrigiert gemeinsam eure Texte und begründet die Kommasetzung.

4 Wie der Schein trügen kann

1 Ein Fuchs hatte ein fettes Huhn im Maul.
  Er durchquerte auf der Flucht gerade einen tiefen Bach.
2 Da sah er im tiefen Wasser ein fettes Huhn schwimmen.
  Er ließ seine Beute schnell fallen.
3 Er biss zu.
  Er hatte nur Wasser im Maul.
4 Verzweifelt suchte er nach dem fetten Brocken.
  Es gab nichts mehr zu beißen.
5 Er hatte nach dem Schatten seiner Beute geschnappt.
  Er hatte sie vor Gier verloren.
6 Fast wäre er noch ertrunken.
  Das Wasser war reißend.
7 Zum Schluss musste er noch zufrieden sein.
  Er hatte wenigstens sein Leben gerettet.

a Ihr könnt die Aussage dieser Fabel auf euern Alltag übertragen.

b Verbinde je zwei Hauptsätze, begründe die Zeichensetzung. Du kannst die Konjunktionen *und, aber, denn* verwenden.

5 Eine Teufelsgeschichte

Ein Förster aus Neusatz ging einmal von der Jagd heim in einem Hohlweg begegnete ihm ein Mann mit einem breiten Hut mit Pferdefüßen und Kuhschwanz der Förster erkannte in ihm den Teufel der richtete an den Waldmann die Frage, was er da für ein Ding auf dem Rücken trage der Förster sagte: „Das ist meine Pfeife wollen Sie einmal rauchen?" Dem Teufel war es recht der Förster aber dachte bei sich: „Jetzt will ich den Teufel endlich und für immer aus der Welt schaffen!" Er gab ihm den Lauf ins Maul und drückte los der Teufel machte ein fürchterliches Gesicht und sagte: „Herr Förster, was rauchen Sie für einen schlechten Tabak?" Sprach's und war wie vom Erdboden verschwunden.

a Schreibe den Text ab. Entscheide, wo du Kommas, Punkte oder Semikolons setzt.

b Tauscht anschließend eure Texte und kontrolliert euch gegenseitig.

3. Sätze fügen, Kommas setzen

Konjunktionalsatz

1 Joggingfreuden

a Was denken, was überlegen sich diese Jogger? Schreibe einige Sätze auf.
Beispiel:
Ich gebe nicht auf, solange Oli noch durchhält.

b Kennzeichne deine Hauptsätze und deine Nebensätze.
Beispiel:

| Ich gebe nicht auf | , | *solange* Oli noch durchhält | .

Satzgefüge

> Haupt- und Nebensatz bilden ein **Satzgefüge**.

c Wo steht das Prädikat im Hauptsatz, wo im Nebensatz? Überprüfe deine Beispiele.

> Nebensätze, die durch eine Konjunktion eingeleitet werden (*falls, solange, wenn*) heißen **Konjunktionalsätze**. Sie werden durch Kommas vom Hauptsatz getrennt.

d Stelle Haupt- und Konjunktionalsätze um. Was hat sich im Satzgefüge geändert?
Beispiel:
(1) Ich gebe nicht auf,   *solange* Oli noch durchhält.
(2) *Solange* Oli noch durchhält,   gebe ich nicht auf.

Sprachbetrachtung und Grammatik

2 Aus der Zeitung

Auf der Flucht ist Knoblauch gefährlich

Kiel (dpa). Ein 28-jähriger flüchtiger Häftling aus Kiel wurde gefasst weil er deftige Knoblauchgerichte über alles liebte. Als die Polizei die Wohnung einer Verwandten des Flüchtenden untersuchte fiel ihr auf dass aus einem Wäscheschrank ein intensiver Knoblauchgeruch drang. Nachdem sie die Schranktür aufgebrochen hatten wurden die Beamten fündig: Der Gesuchte saß gemütlich in dem großen Schrank, sein Knoblauchgericht neben sich.

Müll – auch im All

Göttingen (dpa). Zum Alptraum für Astronauten kann ein Metallstück werden wenn es das Fenster einer Raumkapsel durchschlägt. Auf dem diesjährigen Luft- und Raumfahrtkongress in Göttingen gab ein Weltraumforscher bekannt dass etwa eine Million bekannter Schrottteile den Flug durchs Weltall behinderten und dass sie Satelliten und Raketenmissionen gefährdeten.
Er führte weiter aus dass es höchste Zeit sei dass diese Umweltverschmutzung im All verboten würde. Er forderte daher dass zu jedem Flugkörper ein Endbeschleunigungstriebwerk gehören solle. Dazu erklärte er dass dieses Triebwerk den Körper nach Abschluss der Mission in die Weiten des Alls befördern könne. Denn was jemals nach oben geschossen wurde sei noch da. Der Experte führte aus dass es erhebliche technische Probleme bereiten würde wenn man den Weltraummüll einfangen, absaugen oder sonst entsorgen wolle.

a Warum werden solche „unwichtigen" Nachrichten gerne gelesen? Was vermutet ihr?

b Bestimme die 13 Konjunktionalsätze in den beiden Zeitungstexten.

c Wo müssen Kommas gesetzt werden? Begründe.

d Nach den folgenden Verben und Wortgruppen stehen häufig **dass-Sätze**:

> *erklären, ausführen, bekannt geben, meinen, denken, glauben, fordern, sagen ...*

– Bilde zu den genannten oder zu ähnlichen Verben Satzgefüge.

Beispiel:

(1) Die Polizei gab bekannt, **dass** sie einen Häftling festnehmen konnte.
(2) Der Gesuchte erklärt, **dass** er Knoblauchgerichte über alles liebe.

3 So viele Möglichkeiten

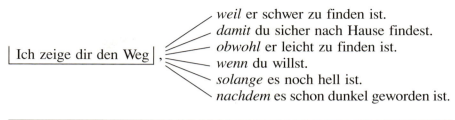

a Suche zu einigen der folgenden Hauptsätze verschiedene Konjunktionalsätze.

Beispiel:

Sie musste lachen, →
Sie musste lachen, →
Sie musste lachen, →

Er zitterte vor Angst, →
Er zitterte vor Angst, →
Er zitterte vor Angst, →

– Der Unfall ereignete sich, …
– Das Spiel wurde abgebrochen, …
– Ein Bergsteiger überlebte, …
– Sie rief ihn an, …
– Es regnete stark, …
– Er drehte sein Radio voll auf, …
– Sie kam nicht pünktlich, …
– Der Läufer war völlig erschöpft, …

Konjunktionalsatz

b Suche zu den folgenden Konjunktionalsätzen passende Hauptsätze. Schreibe die Satzgefüge auf und setze die Kommas.

obwohl das Konzert mit Verspätung anfing
sodass er keinen Schritt mehr gehen konnte
dass ihr die Tränen über die Wangen kullerten
sodass er die Bergwacht alarmieren konnte
nachdem die Straße durch Regenfälle überschwemmt worden war
sodass er vor dem Ziel zusammenbrach
obwohl sie im Streit auseinander gegangen waren
sodass sich die Nachbarn beschwerten

– Du kannst einige Konjunktionalsätze vor- oder nachstellen.

Infinitivgruppe **1** Hausordnung eines Jugendhauses

> 1. Dieses Haus ist eine Stätte der Begegnung. Jedes Zusammenleben von Menschen verlangt gegenseitige Rücksichtnahme.
> 2. Das Haus steht allen Jugendlichen der Stadt zur Verfügung.
> 3. Zur Offenhaltung der Zufahrtswege bitten wir um Abstellung aller Fahrzeuge auf dem Parkplatz.
> 4. Zur Sauberhaltung des Hauses stehen überall Abfallkörbe bereit.
> 5. Alle Vorhaben der einzelnen Gruppen erfordern eine Absprache mit der Heimleitung. Raumbelegungen sind anzumelden.
> 6. Alle Jugendlichen sind zur Rückgabe der ausgeliehenen Bücher und Spiele verpflichtet. Sie haften dafür mit ihrer Unterschrift.
> 7. Das Mitbringen von alkoholischen Getränken in das Jugendhaus und das Rauchen sind streng verboten.
> 8. Die Heimleitung bittet umgehend um Mitteilung über entstandene Schäden.
> 9. Die Heimleitung ist zur Ausübung des Hausrechts befugt.
> 10. Verstöße gegen Anordnungen der Heimleitung bewirken Hausverbot.

a Warum gibt es in Jugendhäusern, in Schulen, in großen Wohnhäusern, … Hausordnungen? Berichtet von euren Erfahrungen.

b In dieser Hausordnung finden sich Substantive, die von Verben stammen:

> *Offenhaltung, Abstellung, Mitteilung, Mitbringen, Rauchen, Ausübung*

– Formt einige Substantive in Verben um. Wie ändern sich dann die Sätze?

Beispiel:
(1) *Damit das Haus sauber gehalten wird, stehen überall Abfallkörbe bereit.*
(2) *Um das Haus sauber zu halten stehen überall Abfallkörbe bereit.*

c Vergleicht eure Beispiele, vor allem die Verbformen.

> Konjunktionalsätze können verkürzt werden. Die Verben stehen dann im Infinitiv mit „zu". Wir nennen dies **Infinitivgruppen.** Man setzt hier in der Regel kein Komma.

2 Übungstext

In den Ferien besteht keine Notwendigkeit, dass wir früh aufstehen. Dennoch muss jemand rechtzeitig losgehen, damit er Brötchen und Milch einkaufen kann. Kürzlich schickte Mutter Hans los, dass er zum Einkaufscenter ging. Hans rannte sofort los, ohne dass er ein Wort sagte. Aber er blieb und blieb aus. Schließlich ging Mutter los, damit sie nach ihm suchen konnte. Bald sah sie ihn! Er stand neben dem Fußballplatz und schaute dem Morgentraining zu, anstatt dass er an den Einkauf dachte. Mutter schimpfte mit ihm. Hans versprach ihr, dass er auf der Stelle loslaufen und einkaufen wolle.
Beide kamen fast gleichzeitig zurück, so sehr hatte sich Hans beeilt. Wir anderen hatten davon erst beim Frühstück erfahren.

a Schreibe den Text ab und forme geeignete Konjunktionalsätze in Infinitivgruppen um.

b Vergleicht beide Fassungen im Hinblick auf ihre Wirkung.

3

Heute sind wir dazu verpflichtet unseren Dank abzustatten.

Man muss kein Handwerker sein um Heizungs- und Warmwasserrohre selbst zu isolieren.

Wir erinnern daran den Vertrag schnellstens abzuschließen.

Die Zeitung ist immer noch eine Möglichkeit sich gut zu informieren.

Gesunde Lebensführung und richtige Ernährung sind notwendig um leistungsfähig und fit zu bleiben.

Eilen hilft nicht. Zur rechten Zeit aufzubrechen das ist die Hauptsache.

Ein Grund mehr sofort damit anzufangen –

So einfach ist es gesünder zu kochen.

Die beste Gelegenheit Ihre alte Kamera loszuwerden

a Warum bevorzugen Werbetexter/innen Infinitivgruppen?

b Wenn im Satz ein hinweisendes Wort wie „es", „das", „daran", … steht, dann wird die Infinitivgruppe durch Komma abgegrenzt.

– Schreibe diese Beispiele mit Kommas heraus.

Relativsatz **1** Hüttenferien

Eigentlich wollten wir in den Ferien unsere Großeltern besuchen. Die Großeltern besitzen eine Ferienwohnung in Oberbayern.

Aber meine Schwester bekam Besuch von ihrer Brieffreundin. Sie wohnt in Paris.

Meinem Freund ging es ebenso. Er erwartete seinen Briefpartner aus Manchester.

Mein Freund machte einen Vorschlag. Der Vorschlag gefiel uns sehr.

Seine Eltern besitzen eine geräumige Waldhütte. Sie liegt in einem abgelegenen Schwarzwaldtal.

Die Hütte ist praktisch eingerichtet. An der Hütte fließt ein Bach vorbei.

Der Bach bildet hundert Meter weiter einen kleinen Stausee. In dem See kann man sogar schwimmen.

a Hüttenferien oder Hüttenfreizeit: Eine gute Idee?

b Du kannst einige Sätze als Relativsätze einfügen und dadurch den Text verbessern. Diskutiert eure Lösungen.
Beispiel:

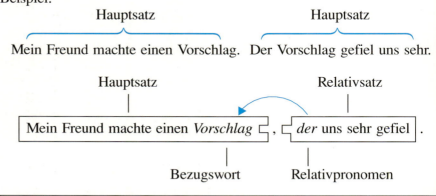

Nebensätze, die mit einem Relativpronomen *(der, die, das)* oder mit Präposition und Relativpronomen *(an der, in dem)* eingeleitet werden, heißen **Relativsätze.** Sie werden durch Komma vom Hauptsatz getrennt.

2 Übungstext

Der Fuchs lud Meister Storch ein. Der Fuchs hatte Lust auf ein Festessen. Es gab ein Süpplein. Das Süpplein war kräftig.
Der Storch bekam von der Suppe nichts. Der Fuchs hatte sie in einem flachen Teller serviert.
5 Der Fuchs dagegen konnte alles ausschlabbern. Das ärgerte den Storch. Er sann auf Rache. Also lud auch er den Fuchs zu einem Gastmahl ein. Zur rechten Zeit stellte er sich ein. Es sollte einen wohl schmeckenden Braten geben. Der Duft war weithin zu riechen.
Das Fleisch wurde in hohen Vasen aufgetragen. Diese hatten einen langen
10 und engen Hals. Der Storch ließ es sich trefflich schmecken. Sein langer Schnabel reichte bis zum Grund. Das Maul des Gastes kam nicht weit. Es war zu kurz. So musste er hungrig nach Hause ziehen. Er hatte den Spott der anderen Tiere obendrein.

a Solch ein umständlicher Text! Du kannst ihn sicher verbessern. Füge Relativsätze in geeignete Hauptsätze ein.

Beispiel:

Das ärgerte den Storch. Er sann auf Rache.
Das ärgerte den Storch, der auf Rache sann.

Übungstexte zur Zeichensetzung

1 Momos Spiele

Es versteht sich von selbst dass Momo keinerlei Unterschied zwischen Erwachsenen und Kindern machte aber die Kinder kamen noch aus einem andern Grund gerne in das alte Amphitheater seit Momo da war konnten sie so gut spielen wie nie zuvor es gab einfach keine langweiligen Augenblicke mehr das war nicht etwa deshalb so weil Momo so gute Vorschläge machte nein Momo war einfach nur da und spielte mit gerade dadurch kamen den Kindern die besten Ideen sodass sie täglich neue Spiele erfanden von denen eines schöner war als das andere.

nach: Michael Ende

a Schreibe den Text ab und setze die Satzzeichen (Punkte, Kommas, Semikolons).

b Klärt eure Vorschläge zur Zeichensetzung:
– Punkt oder Semikolon
– Komma bei Konjunktionalsatz und Relativsatz

2 Anschnallpflicht

In manchen Taxis erinnern kleine Plaketten die Fahrgäste daran den Sicherheitsgurt anzulegen. Aber viele Gäste ignorieren diesen Hinweis. Viele Passagiere bevorzugen die hintere Sitzbank weil sie glauben dass sie sich dort nicht anschnallen müssen.
5 Doch der Gesetzgeber schreibt seit vielen Jahren vor dass auch die Fahrgäste auf der hinteren Sitzbank angeschnallt sein müssen; schließlich schützt der Platz auf der hinteren Sitzbank niemanden vor einer Verletzung. Gerade bei einem Auffahrunfall kann es leicht passieren dass die Passagiere die sich auf der hinteren Sitzbank nicht angeschnallt haben nach vorne geschleudert
10 werden und dabei Fahrer, Beifahrer und sich selbst gefährden.

a Bearbeitet den Text als Partnerdiktat.
b Überprüft und begründet die Kommasetzung.

3 Passen Sie auf!

Alle zwölf Minuten wird in Deutschland ein Diebstahl verübt. Die Polizei ist der Meinung dass davon mindestens jeder zweite verhindert werden könnte. Gedankenlosigkeit und sträflicher Leichtsinn ermuntern die Langfinger geradezu zuzugreifen. Die teuersten Alarmanlagen nützen nichts wenn offene Fenster und Türen zum Eintreten einladen. Die Polizei rät daher:

Öffnen Sie nicht die Tür ▇ ein Fremder davor steht.
Verwenden Sie Fensterglas ▇ eine hohe Bruchfestigkeit aufweist.

156 Sprachbetrachtung und Grammatik

Sorgen Sie am Abend dafür ▭ alle Fenster geschlossen sind.
Informieren Sie Ihren Nachbarn ▭ Sie verreisen.
Sichern Sie Ihre Fensterrollläden durch Schlösser ▭ sie nicht hochgeschoben werden können.

a Schreibe ab, setze Kommas und überprüfe deinen Text.

4 Ratgeber für ungetrübte Reisefreuden

▭ du auf Reisen gehen willst vergiss deinen Haushalt nicht.
▭ du dich in deinen eigenen Sachen am wohlsten fühlst solltest du möglichst viel davon mitnehmen. Hast du daran gedacht ▭ du ein Auto mit einem großen Kofferraum hast um alles Notwendige für deine Bequem-
5 lichkeit mitzunehmen?
Für den Rest, z. B. das Hauszelt dein Surfbrett das Kanu und den Gartengrill hast du ja schließlich noch den Dachträger ▭ ▭ unglaublich viel draufgepackt werden kann ▭ man es nur richtig anstellt.
Die Dinge müssen natürlich gut verstaut werden ▭ sie nicht bei einer
10 scharfen Bremsung auf deiner Kühlerhaube landen. Eine bewährte Methode ist es ▭ ein zweites Familienmitglied mit dem Zweitwagen oder einem Leihwagen hinterherfährt um Gegenstände sicher aufzusammeln ▭ unterwegs vom Dach gefallen sein können.
So ausgerüstet kannst du mit deiner Familie und deinem ganzen Wohlstand
15 auch in der Fremde herrliche Ferien verbringen, fast wie zu Hause.   *C. F.*

a Schreibe einen der Abschnitte ab, füge die richtigen Konjunktionen und Relativpronomen ein und setze die fehlenden Kommas.

5 Fortschritt?

Manchmal stelle ich mir vor ▭ in tausend Jahren Wissenschaftler zusammensitzen und über unsere Spuren rätseln.
Plastikbeutel werden sie finden Einwegflaschen Betonmauern und große Gebiete ▭ wohl einmal bewaldet waren.
Bei der Vielzahl von Flaschen ▭ sie finden werden sie annehmen ▭ sich die Menschen wohl vorwiegend von Flüssigkeit ernährten. Oder ob es in tausend Jahren gar keine Menschen mehr gibt ▭ unsere Spuren deuten können?
Aber ich mache mir solche Gedanken natürlich nicht im Ernst ▭ es ist ja alles in Ordnung. Noch sind es ja nur Schwarzmalereien. Oder ist am Ende doch etwas Wahres daran?

a Schreibe den Text ab und setze die richtigen Konjunktionen und Relativpronomen ein. Vergiss die Kommas nicht.

4. Aktiv – Passiv

1 Straßensperrung

Text A

Am Freitagmorgen wechseln die Verkehrsbetriebe die Straßenbahngleise auf der Kaiserallee aus. Gleichzeitig erneuert die Strab AG den Straßenbelag. Die Polizei leitet deswegen den gesamten Verkehr über die Goethestraße um. Autofahrer müssen mit erheblichen Verkehrsbehinderungen rechnen. Die Polizei hebt die Absperrung noch vor dem Berufsverkehr auf.

Text B

Am Freitagmorgen werden die Straßenbahngleise auf der Kaiserallee ausgewechselt. Gleichzeitig wird der Straßenbelag erneuert. Der Verkehr wird über die Goethestraße umgeleitet. Mit erheblichen Verkehrsbehinderungen muss gerechnet werden.

a Welche Informationen sind für die Leserin, den Leser wichtig? Welche Textfassung wählt der Zeitungsredakteur deshalb aus?

b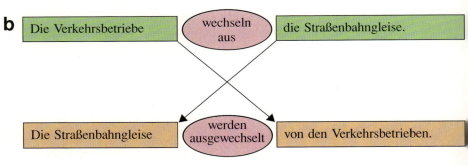

– Bestimme die Satzglieder in den beiden Sätzen. Welche Satzglieder ändern ihre Rolle? Übertrage das Schaubild ins Heft.

c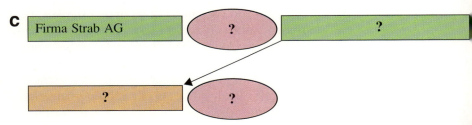

– Übertrage das Schaubild ins Heft und ergänze. Warum wird im Text B die „Strab AG" nicht erwähnt? Überprüfe auch andere Sätze.

158 Sprachbetrachtung und Grammatik

d Schreibe die jeweiligen Verbformen aus Text A und B in eine Tabelle.
Beispiel:

wechseln aus	wird ausgewechselt
?	?

Aktiv
Passiv

> (1) Die Verkehrsbetriebe *wechseln* die Straßenbahngleise *aus*. Die Verbform *wechseln aus* heißt **Aktiv**.
> (2) Die Gleise *werden* von den Verkehrsbetrieben *ausgewechselt*. Die Verbform *werden ausgewechselt* heißt **Passiv**.

e Verbformen

Aktiv	Passiv
er liebt	er wird geliebt
ich (rufen)	ich werde ▆
du (nennen)	du ▆ genannt
sie (loben)	sie ▆ ▆
du (holen)	du ▆ ▆
ihr (tragen)	ihr werdet ▆

– Schreibe ab und vervollständige die Tabelle.

f Wie wird die Passivform des Verbs gebildet? Schreibe eine Regel.

g Setze die folgenden Sätze ins Passiv.

Peter holt die Landkarte.	Er hängt sie an die Tafel.
Ilse sucht das Rezept.	Sie fragt ihre Mutter.
Der Polizist verlangt den Ausweis.	Er prüft den Wohnort nach.
Der Postbote bringt das Paket.	Felix bestätigt den Empfang.
Die Kinder decken den Tisch.	Vater trägt die Speisen auf.
Die Schüler zeichnen ein Bild.	Der Lehrer benotet ihre Leistung.
Ute schreibt einen Brief.	Sie schlägt das Fremdwort nach.
Mutter fährt das Auto.	Vater studiert die Straßenkarte.
Vera streicht ihr Zimmer.	Max hält ihr die Farbe.

h Konjugiere einzelne Verben.
Beispiel:
Präsens/Aktiv: *ich hole, du holst, er, sie, es ...*
Präsens/Passiv: *ich werde geholt, du wirst geholt ...*

2 Radfahrer beachten keine Schilder

(1) Zwischen dem Marktplatz und dem Europaplatz markieren große Schilder die Fußgängerzone.
(2) Leider halten viele Radfahrer das Fahrverbot nicht ein.
(3) Nicht selten fahren sie Fußgänger an und verletzen sie.
(4) Ab Montag führt die Polizei Kontrollen durch.
(5) Sie ermahnt zunächst die Verkehrssünder.
(6) Ab Mittwoch verhängt sie Bußgelder.
(7) Die Stadt bedauert die harten Maßnahmen,
(8) aber die Fußgänger begrüßen das strikte Durchgreifen.

a Bestimme in den Sätzen das Subjekt und das Objekt.

b Setze die Sätze ins Passiv, z. B. *Die harten Maßnahmen werden bedauert.*

c Unterstreiche die Verbformen im Passiv.
Wo kannst du das Subjekt des Aktivsatzes im Passivsatz weglassen?

3 Die magische Zauberkiste

Die Schüler tragen die magische Zauberkiste herein und öffnen sie. Sie überzeugen das Publikum, dass sie leer ist. Dann steigen vier Artisten hinein. Der Zauberer schließt den Deckel.
Der Zauberer schiebt langsam in vorgebohrte Löcher Dolche aus Holz. Die Zuschauer sehen die Spitzen auf der anderen Seite. Aus der Kiste hört man Schreie. Trommelwirbel. Nun zieht der Zauberer die Dolche wieder heraus. Er öffnet den Deckel mit viel Simsalabim. Die Artisten springen heraus und verbeugen sich. Das Publikum klatscht Beifall.
Zu diesem Trick braucht ihr eine große Kiste. Ihr malt sie innen schwarz aus. Ein schwarzes Inneres wirkt kleiner, als es in Wirklichkeit ist.

a Schreibe den Text ab und setze einzelne Sätze ins Passiv.

b Wo kannst du das Subjekt des Aktivsatzes im Passivsatz weglassen?

4 Die Tempora von Aktiv und Passiv

Tempora	Aktiv	Passiv
Präsens	*ich hole*	*ich werde geholt*
Präteritum	*ich holte*	*ich wurde geholt*
Perfekt	*ich habe geholt*	*ich bin geholt worden*
Plusquamperfekt	*ich hatte geholt*	*ich war geholt worden*
Futur	*ich werde holen*	*ich werde geholt werden*

a Wie werden die Tempora im Passiv gebildet?

b (1) Die Ölleitung ▬ am Nachmittag ▬ (reparieren).
(2) Der Brand ▬ rechtzeitig ▬ (löschen).
(3) Die Wasserstraße ▬ von einem Eisbrecher ▬ (aufbrechen).
(4) Im Sommer ▬ das Schwimmbad früh ▬ (öffnen).
(5) Auch im Sommer ▬ das Wasser im Schwimmbecken ▬ (heizen).

– Setze einzelne Sätze in die verschiedenen Tempora des Passivs.

5 Jetzt auch Radfahrerhelme

Vor einigen Jahren hat der Gesetzgeber die Helmpflicht für Motorradfahrer eingeführt. Trotz intensiver Aufklärung lehnten sie das Tragen
5 eines Helmes lange ab. Aber die Androhung eines Bußgeldes bewirkte ein Umdenken. Heute trägt jeder Motorradfahrer einen Helm. Jetzt fordern die Verkehrsmediziner
10 auch einen Helm für Radfahrer. Sie verweisen auf die vielen Verkehrsopfer. Die Industrie hat den Trend bereits erkannt. Im Jahre 1986 hatte sie sechs verschiedene Fabrikate
15 hergestellt. Bald wird sie schon über hundert Modelle herstellen.

a Was hältst du von Radfahrerhelmen?

b Bestimme die Tempora und schreibe den Text im Passiv auf.

5. Direkte und indirekte Rede (W)

1 Aufs Pfeifen pfeifen?

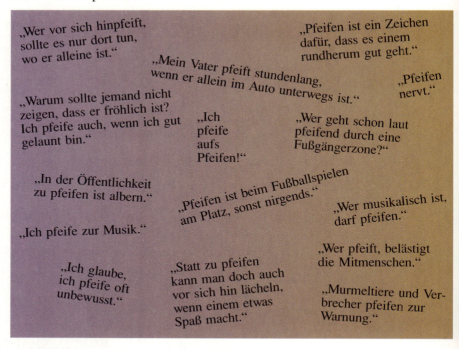

„Wer vor sich hinpfeift, sollte es nur dort tun, wo er alleine ist."

„Pfeifen ist ein Zeichen dafür, dass es einem rundherum gut geht."

„Mein Vater pfeift stundenlang, wenn er allein im Auto unterwegs ist."

„Pfeifen nervt."

„Warum sollte jemand nicht zeigen, dass er fröhlich ist? Ich pfeife auch, wenn ich gut gelaunt bin."

„Ich pfeife aufs Pfeifen!"

„Wer geht schon laut pfeifend durch eine Fußgängerzone?"

„In der Öffentlichkeit zu pfeifen ist albern."

„Pfeifen ist beim Fußballspielen am Platz, sonst nirgends."

„Wer musikalisch ist, darf pfeifen."

„Ich pfeife zur Musik."

„Wer pfeift, belästigt die Mitmenschen."

„Ich glaube, ich pfeife oft unbewusst."

„Statt zu pfeifen kann man doch auch vor sich hin lächeln, wenn einem etwas Spaß macht."

„Murmeltiere und Verbrecher pfeifen zur Warnung."

a Leute wurden zum Thema „Pfeifen" befragt. Was meinst du dazu?

direkte Rede

> Eine wörtlich wiedergegebene Äußerung heißt **direkte Rede.** Sie steht in Anführungszeichen.

b Du kannst die Meinungen zum Pfeifen in indirekter Rede wiedergeben. Beispiel:

– Jemand sagt, er pfeife zur Musik.

– Jemand sagt, dass er zur Musik pfeife.

– Eine weitere Schülerin meint, Pfeifen sei nur beim Fußballspielen am Platz.

– Bilde weitere Sätze. Wähle statt „sagen" andere Verben aus dem Wortfeld, etwa *antworten, mitteilen, äußern* .... (Vergleiche auch S. 165.)

Sprachbetrachtung und Grammatik

c Überprüfe die Kommasetzung in deinen Beispielen.

indirekte Rede

> Äußerungen können wörtlich wiedergegeben werden, also in direkter Rede. Sie können aber auch in **indirekter Rede** wiedergegeben werden. Die indirekte Rede wird durch Komma vom Hauptsatz abgetrennt.

d Vergleiche die Verbformen bei direkter und indirekter Rede.

Beispiele:

Petra sagt: „Wer pfeift, belästigt die Mitmenschen."	Petra meint, wer pfeife, belästige die Mitmenschen.
„Mein Vater musiziert gern mit den Vögeln um die Wette", erwidert Felix.	Felix erwidert, sein Vater musiziere gern mit den Vögeln um die Wette.

e Schreibe weitere Beispiele auf.

Modus: Indikativ Konjunktiv

> Verben können in unterschiedlichen **Modi** (Einzahl: Modus = Aussageweise) stehen.
> Die Verbform in der direkten Rede heißt **Indikativ** (*er pfeift*); die Verbform in der indirekten Rede heißt **Konjunktiv** (*er pfeife*).

2 Die Anhalter

Ein Montagearbeiter wurde auf der Fahrt zur Arbeit von zwei jungen Burschen angehalten. Sie boten einen Schnaps an und erzählten, dass sie es in der Schule nicht mehr ausgehalten hätten. Sie zögen in die Fremde. Was sie denn da suchen würden, fragte spöttisch der Autofahrer. Ärgerlich entgegnete der eine, sie wollten endlich das tun, was ihnen passe, und fremde Länder kennen lernen. Ob sie sich überlegt hätten, dass sie auf diese Weise kaum im Leben vorankommen würden, wollte der Arbeiter wissen. Dies verstünden sie nun ganz und gar nicht, meinten die beiden, man habe doch noch genug Zeit ein braver Bürger zu werden.
Sie sollten zunächst etwas Gescheites lernen, dann hätten sie es nicht nötig, auf Kosten anderer Leute zu reisen, meinte der Mann, drehte sein Fenster hoch und fuhr davon.
C. F.

a Haben die Jugendlichen Recht mit ihrer Einstellung?

b Schreibe einige Sätze mit indirekter Rede heraus.

3

	Indikativ	Konjunktiv	Indikativ	Konjunktiv
	Präsens		Präteritum	
	ich ziehe du er, sie, es wir ihr sie	dass ich ziehe dass du dass er, sie, es dass sie	ich zog du er, sie, es wir ihr sie	dass ich zöge dass du dass er, sie, es dass sie
	ich zerstöre du er, sie, es wir ihr sie	dass ich zerstöre dass du dass sie	ich zerstörte du er, sie, es wir ihr sie	dass ich zerstörte dass du dass sie

a Zeichne die Tabelle ab und vervollständige sie. Wo unterscheiden sich die Verbformen des Konjunktivs vom Indikativ?

b Warum werden hier verschiedene Konjunktivformen verwendet?
(1) *Er sagte, er ziehe in die Fremde.*
(2) *Sie sagten, sie zögen in die Fremde.*

– Suche weitere Beispiele in Text **2**.

> Unterscheidet sich die Form des Konjunktiv Präsens (**Konjunktiv I**) nicht vom Indikativ Präsens, dann steht in der indirekten Rede der Konjunktiv Präteritum (**Konjunktiv II**).
> Den Konjunktiv Präteritum kann man auch mit „*würden*" und Infinitiv umschreiben (Beispiel: *sie zögen* ⟶ *sie würden ziehen*).

4 1. Der Fußballspieler gab an, er (spielen) auch gut Handball.
2. Sein Trainer meinte, er (irren) sich wohl.
3. Er (müssen) das beweisen, forderte ein Klubkamerad.
4. Drei Schüler behaupteten, sie (verlieren) nie eine Wette.
5. Leichtsinnige Wetten (haben) schon manchen ins Unglück gestürzt, entgegnete ein Mitschüler.
6. Wenn alle Wettenden richtig (aufpassen), (werden) manche Wetten gar nicht abgeschlossen werden, erklärte ein weiterer Schüler.

a Setze die richtigen Verbformen ein.

b In den sechs Sätzen wurde bei den Verben des Sagens abgewechselt. Unterstreiche sie in deinem Text.

c Schreibe weitere Sätze in indirekter Rede mit folgenden Verben.

> erwidern, spaßen, fluchen, schimpfen, brüllen, meckern, beschwichtigen, meinen, klagen, ausrufen, stöhnen, vortragen, jammern, seufzen, ermutigen

5 Zerbrochenes Ei im Mai

Es war im Mai zu Beginn des 19. Jahrhunderts. Damals trieb ein Bauernsohn namens Johannes Bückler sein Unwesen im Taunus. Er war der berühmt-berüchtigte Schinderhannes, Anführer einer Räuberbande, die nur die Reichen ausnahm. An einem herrlichen Frühlingstag ging eine Bäuerin mit
5 einem Korb Eier zum Markt. Als sie den einsamen Wald durchquerte, begegnete sie einem Mann. „Guten Tag, Frau", sagte der Fremde. „Grüß Gott", sagte die Bäuerin, der vor Schreck fast das Wort im Halse stecken blieb, „wo wollt Ihr denn hin?" „Ich gehe immer der Nase nach. Und du, Frau?" „Ich eile auf den Markt, Eier verkaufen." „Gib mir den schweren Korb, ich trage
10 ihn ein bisschen", bot sich der Fremde an. So gingen sie eine Weile nebeneinander her, bis der Mann fragte: „Hast du denn gar keine Angst so allein?" Die Bäuerin seufzte: „Angst habe ich schon, vor allem vor dem Schinderhannes." „Aber der Schinderhannes", entgegnete der Mann, „der tut doch den armen Leuten nichts. Der nimmt nur den Reichen ab!" „Trotzdem",
15 schimpfte die Bäuerin. „Der Teufel soll ihn holen!"
Als sich ihre Wege trennten, gab ihr der Fremde den Eierkorb zurück und sagte: „Mach's gut Frau, ich bin der Schinderhannes."
Vor Schreck fiel die Bäuerin mit dem Hinterteil in den Korb. Da waren es lauter Rühreier. Der Schinderhannes lachte, dass ihm die Tränen über die
20 Backen liefen. Dann gab er der Bäuerin einen Taler: „Hier, damit du keinen Schaden hast."

a Fasse den Text zusammen. Verwende die indirekte Rede.

b Du kannst den Text auch als Zeitungsbericht schreiben und ihn in die heutige Zeit verlegen, etwa:

```
Einen gewaltigen Schrecken erlitt die Bäuerin W. aus O. im Taunus.
Am Freitagmorgen ging sie...
```

– Welches Tempus musst du in einem Bericht verwenden?
– Welche Schlagzeile willst du deinem Text geben?

6. Oberbegriffe – Unterbegriffe

1

Untergeschoss	Erdgeschoss	1. Etage
Alles fürs Bad	Bücher	Modeparadies
Fitnesscenter	Foto, Film	Trachtenmoden
Lebensmittelabteilung	Reisen	Herrenausstatter
Drogerieartikel	Lederwaren	Kinderkleidung
Schreibwaren	Schallplatten	Schuhabteilung
Radio, TV	Uhren	Spielwaren

Das Euro-Center steht für brandneue Mode, für die aktuellsten Compactdiscs, und, und ... Du willst dir die neue CD der AASGEIER besorgen und die neuesten Markenjeans. Ach ja, ein neuer Zeichenblock ist auch fällig und Herr Krause will in Mathematik mal ein neues Geodreieck sehen.

a Wohin musst du gehen um diese Einkäufe zu erledigen?

b Welche Waren findest du beispielsweise im „Modeparadies", in der „Spielwaren-" oder in der „Lebensmittelabteilung"?

c In den verschiedenen Abteilungen werden die Waren ebenfalls geordnet.
Beispiel:

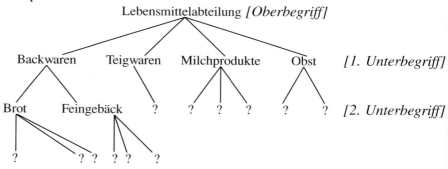

– Übertrage die Grafik in dein Heft und ergänze sie.

d Zeichne auch eine Grafik zu „Schreibwaren", „Schallplatten", „Fitnesscenter" oder „Modeparadies".

e Welche Vorteile haben derartige Übersichten?

Ober- und Unterbegriffe

Man kann *Spinat, Rettich, Bohnen* mit dem **Oberbegriff** *Gemüse* zusammenfassen. Einem Oberbegriff wie *Kleidungsstück* können die **Unterbegriffe** *Jacke, Hose, Mantel* zugeordnet werden. Ein Unterbegriff kann wieder Oberbegriff werden: *Hose* ist ein Oberbegriff zu *Jeans* und *Shorts*.

2 Drunter und drüber

> Tulpe, gehen, Gebäude, Kopf, Blume, Katze, Amsel, Krokus, Schloss, Hund, schwimmen, Küche, fortbewegen, Wohnung, Haustier, Rose, Hütte, Sitzmöbel, Hamster, Arm, Vogel, Flur, Stuhl, Bad, fliegen, Körperteil, Drossel, Hocker, Fuß, Meise, Haus, Sessel

a Schreibe alle bedeutungsverwandten Wörter in Gruppen heraus.

b Unterstreiche die Oberbegriffe.

c

– Schreibe die Sportarten auf. Ordne sie und suche Oberbegriffe. Es gibt dabei mehrere Möglichkeiten.

d Suche zu jedem der folgenden Begriffe mindestens drei Unterbegriffe.
Freizeitkleidung – Beförderungsmittel – Fahrzeug – Grundnahrungsmittel – Vorschrift – Unterhaltungselektronik – Schuhe – Getränke

Stichwortzettel
→ S. 35 f

e „Rückkehr aus dem ewigen Eis" – Ein Stichwortzettel

1. Ein wichtiger Fund
   Der Mann lieferte Einblicke in das Alltagsleben der Bronzezeit.
2. Schnürschuhe, Jacke, Hose, Socken, Handschuhe, Bogen, Köcher, Pfeile, Tasche, Dörrfleisch, Beeren, Fladenbrot

– Ordne Punkt (2) des Stichwortzettels mithilfe von Oberbegriffen.

3 Hausmaus

Die Hausmaus ist 6 – 12 cm lang. Ihr Schwanz ist ebenfalls 6 – 12 cm lang. Sie hat eine graubräunliche Farbe. Ihre ursprüngliche Heimat ist in den asiatischen Steppen zu suchen. Die Hausmaus ist so anpassungsfähig, dass sie überall überlebt. Sogar in Kühlhäusern hat man langhaarige Mäuse mit glänzendem Fell gefunden. In ländlichen Gegenden verbringt die Hausmaus den Sommer in Hecken und Mauern. Mit einbrechendem Frost kommt sie dann in Scheunen und Häuser. Sie frisst fast alles, doch besonders gern Getreide. Der Hausmaus stellen vor allem Katzen und Eulen nach. Doch da sie sehr vorsichtig ist, überleben viele von ihnen und vermehren sich fünfmal im Jahr.

AUSSEHEN – VORKOMMEN

NAHRUNG – FEINDE

FORTPFLANZUNG

a Vergleiche den Text und die Stichworte. Was leisten die Oberbegriffe für das Verständnis dieses Sachtextes?

4 Ein seltsamer junger Herr

Der Junge mochte ungefähr Olivers Alter haben, sah aber sehr seltsam aus. Er hatte ein ziemlich gemeines Gesicht mit einer stumpfen Nase und niedrigen Stirn und war so schmutzig, wie ein Junge überhaupt nur sein kann. Sein Hut saß so leicht auf dem Kopf, dass er jeden Augenblick herunterzufallen drohte. Er trug einen Männerrock, der ihm fast bis zur Ferse reichte; er hatte aufgekrempelte Ärmel, sodass er die Hände frei in die Taschen seiner Pumphosen stecken konnte, wo er sie auch jetzt vergraben hatte.
Kurz, es war ein leichtfertiger, angeberischer junger Herr, der da mit ein Meter fünfzig Größe oder auch etwas weniger in seinen schmutzigen Stiefeln dastand.

Charles Dickens

a Erstelle zu diesem Text einen Stichwortzettel mit fünf Oberbegriffen.

> Beschreibende oder berichtende Texte kann man mithilfe von Oberbegriffen ordnen.

7. Redensarten und Sprichwörter

Redensart **1** Das soll Deutsch sein?

Eddy Buckwell lebt seit einigen Jahren in Deutschland und kann gut Deutsch. Dennoch versteht er die beiden nicht. Das ist doch der Marktplatz und kein Holzweg! Er sieht auch keinen Schrank für die Tassen und was soll denn „Gift und Galle spucken" heißen?

a Was hältst du von dieser Art der Auseinandersetzung?

b Bestimme die sieben Wendungen, die nicht wörtlich gemeint sind.

c Erkläre Eddy, was sie bedeuten. Warum verwenden die beiden Händler wohl solche Wendungen?

> Feststehende Wendungen, die nicht wörtlich gemeint sind, nennen wir **Redensarten.**

d

| „Du, gestern war ich bei Nico zu Hause", berichtete Markus, „da hab ich von seiner Fünf in Mathematik erzählt. Alle schauten so betreten. Ich glaube, da …" | „Wenn mein Onkel kommt, sitzen wir abends zusammen um den Tisch. Dann erzählt er schreckliche Geschichten. Bei manchen gruselt mir so, dass … |

— Suche zu den beiden Geschichten treffende Redensarten.

e Schreibe zu einer der folgenden Redensarten eine ähnliche Geschichte.

> *auf die leichte Schulter nehmen, in den April schicken, jemanden zum Fressen gern haben, jemanden süß finden, über einen Kamm scheren, etwas durch die Blume sagen*

Sprachbetrachtung und Grammatik

2

a Welche Redensarten werden hier dargestellt? Was bedeuten sie?
Beispiel:
Jemandem eine lange Nase machen → verspotten, auslachen

b Welche Redensarten kennt ihr?

mit Farben: *eine weiße Weste haben,* ...
mit Tieren: *Krokodilstränen weinen,* ...
mit Teilen des Körpers: *eine Lippe riskieren,* ...
aus der Jugendsprache: *einen Abflug machen,* ...
vom Sport: *die rote Karte zeigen,* ...
aus dem Haushalt: *zwischen zwei Stühlen sitzen,* ...

c Alle schreiben auf je einen Zettel eine Redensart. Die Zettel werden danach vermischt. Zieht nun vier Zettel und schreibt dazu eine Geschichte.

Beispiel:

| mit allen Wassern gewaschen sein | unter den Nägeln brennen | weg vom Fenster sein | einen schwarzen Tag haben |

170 Sprachbetrachtung und Grammatik

3

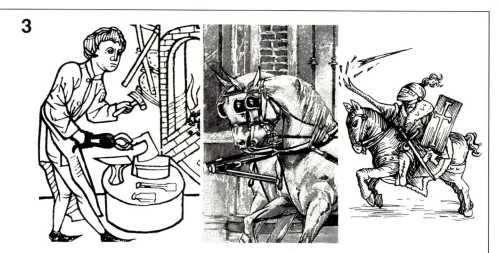

a Auf jedem Bild wird die ursprüngliche Bedeutung einer Redensart dargestellt. Was ist heute damit gemeint?

b

Im Mittelalter hatte man Tonklötze mit menschlichen Gesichtern, in deren Mäuler man Kienspäne steckte.	*Maulaffen feilhalten*
Vor 400 Jahren stand am Hauseingang ein Fettnapf um Schuhe einfetten zu können.	*ins Fettnäpfchen treten*
Im Mittelalter wurden schmale Waldwege zur Holzabfuhr als Holzweg bezeichnet. Sie hatten kein Ziel.	*auf dem Holzweg sein*
Im Mittelalter war der Hut ein Vorrecht des Adels.	*ein alter Hut sein*

– Was bedeuten diese Redensarten heute, was könnten sie ursprünglich bedeutet haben?

Die ursprüngliche Bedeutung von Redensarten haben wir oft vergessen (*ins Fettnäpfchen treten*). Sie bilden sich auch stets neu (*den Schiedsrichter ans Telefon rufen*).

Sprachbetrachtung und Grammatik 171

Sprichwort **1**

> ## *Eine Hand allein schnürt kein Bündel*
>
> Dieses Sprichwort aus Kamerun lässt uns gegenseitige Abhängigkeit begreifen und an Aufgaben denken, die nur gemeinsam zu lösen sind. Aber auch an Probleme, von deren Lösung das Überleben der Menschen wesentlich abhängt. An einen Ausgleich des Nord-Süd-Gefälles beispielsweise. An Partnerschaft mit den Entwicklungsländern, eine Partnerschaft, in welcher beide Seiten zum gemeinsamen Vorteil zusammenarbeiten können und so die Zukunft aller sichern helfen. Der Norden kann ohne die Rohstoffe aus dem Süden nicht existieren, der Süden sich ohne den Norden nicht angemessen entwickeln. Aber Einsichten müssen in Handlungen umgesetzt werden. Denn wie Martin Luther King sagte: „Kein Problem wird gelöst, wenn wir träge darauf warten, dass Gott allein sich darum kümmert!" Deshalb heißt es, mit vereinten Kräften darauf hinzuwirken, dass Armut überwunden und mehr Gerechtigkeit verwirklicht werden kann.
>
> **Brot für die Welt · Misereor**

a Was bedeutet die Überschrift? Warum wurde gerade sie für diese Anzeige ausgewählt?

b Schlage nach, wer Martin Luther King war. Warum wird er hier genannt?

> Sätze, die nicht wörtlich gemeint sind, nennen wir **Sprichwörter.**

c
Trage dein Herz nicht auf der Zunge!
In Papier kann man kein Feuer einwickeln.
Ein altes Pferd kennt den Weg besser.
Menschen, die lieben, finden alles süß.

– Was könnten diese Sprichwörter aus China bedeuten?

2 Weisheiten für alle Gelegenheiten

> Ehrlich währt am längsten.
>
> Ein gebranntes Kind scheut das Feuer.
>
> Einem geschenkten Gaul schaut man nicht ins Maul.
>
> Neue Besen kehren gut.
>
> Ein Spatz in der Hand ist besser als eine Taube auf dem Dach.
>
> Was ich nicht weiß, macht mich nicht heiß.
>
> Wenn zwei sich zanken, freut sich der Dritte.

> Die dümmsten Bauern haben die größten Kartoffeln.
>
> Es ist nicht alles Gold, was glänzt.
>
> Wer andern eine Grube gräbt, fällt selbst hinein.
>
> Der Apfel fällt nicht weit vom Stamm.
>
> Morgenstund hat Gold im Mund.
>
> Der Krug geht so lange zum Brunnen, bis er bricht.

a Welcher Ratschlag oder welche Lehre steckt in jedem Sprichwort?

b Suche weitere Sprichwörter und erkläre ihre Lehre.

c

Sprichwörter	Redensarten
Wenn zwei sich zanken, freut sich der Dritte.	*Gift und Galle spucken*
Was ich nicht weiß, macht mich nicht heiß.	*seinen Senf dazugeben*

– Wie unterscheiden sich Sprichwörter und Redensarten?

3 Ver-rückte Sprichwörter: Zwei Spielregeln

> Eine Person sagt ein Sprichwort, handelt aber anders, als wir erwarten.
>
> Beispiele:
>
> (1) „Dem Glücklichen schlägt keine Stunde", sagte der Uhrmacher und entfernte alle Zeiger.
> (2) „Es ist nicht alles Gold, was glänzt", meinte die Raumpflegerin und warf das Metallstück in den Müll.

> Jede/jeder schreibt ein Sprichwort auf einen Zettel. Mischt diese Zettel, zieht einen Zettel. Ihr könnt nun eine lustige Geschichte schreiben, in der ihr erklärt, wie das Sprichwort entstanden sein könnte.
>
> Beispiel:
>
> Ein Bauer hatte viele Hühner. Eines Tages bemerkte er, dass sich ein Huhn überall den Kopf stieß. Dennoch fand es tatsächlich ein Korn. „Ja, ein blindes Huhn findet auch einmal ein Korn", murmelte er.

a Wählt eine Spielregel.

Inhaltsübersicht

A. Sprechen und Schreiben

	Sprechen und	Schreiben	Textarten	Arbeitstechniken
I. Mit Sprache kreativ umgehen				
1. Nach Texten schreiben S. 6–16	Weitererzählen Text übertragen Text untersuchen Vorlesen Spielen	Produktiver Umgang: ausgestalten, variieren, erweitern, umformen, Perspektive wechseln	Erzählung Kalendergeschichte Textzusammenfassung Zeitungstext Schreibspiel	Themenbezogener Wortschatz: Regeln anwenden Kontrollieren Texte überarbeiten
2. Erwachsen werden – Freies Schreiben (FTh) S. 17–27	Gespräche führen Meinungen einbringen Diskutieren	Freies Schreiben Schreiben zu Bildern Collage erstellen Clustern	Foto, Bild Plakat, Collage Erzählung, Gedicht Sachtext	Informationen beschaffen/auswerten Quellen/Grafiken Stichworte erstellen
3. Spielen (W) S. 28–32	Gespräch führen Gestaltendes Lesen	Spieltext schreiben	Erzählung, Rollentext Witz	Text erfassen
II. Informieren				
1. Was steht da drin? – Sachtexte erschließen S. 34–40	Berichten	Stichwortzettel Textzusammenfassung	Sachtext	Arbeit an Texten: Stichworte gliedern Ober-/Unterbegriff Nachschlagen
2. Jetzt ist es passiert – Unfallberichte S. 41–47	Gespräche führen: Meinungen einbringen Spielen Stellung nehmen Berichten	Stichwortzettel Unfallbericht	Foto Erlebnisbericht Zeugenaussage Formular Unfallskizze	Informationen beschaffen Angaben präzisieren: Adverbiale Bestimmung Tempus: Präteritum
3. Wie war das noch? – Aus dem Alltag berichten S. 48–54	Berichten Text auswerten	Stichwortzettel Erlebnis-, Alltags-, Zeitungsbericht Produktiver Umgang: umformen, kürzen	Foto Erlebnisbericht Alltagsbericht Erzählung Zeitungsbericht	Stichworte ordnen Text überarbeiten themenbezogener Wortschatz Tempus: Präteritum
4. Was es für uns in unserem Ort gibt – Dokumentieren (FTh) S. 55–64	Gespräch führen Diskutieren Berichten Planen	Fragebogen erstellen Stichwortzettel Plakat, Brief Prospekt erstellen	Fragebogen Schaubild (Diagramm) Prospekttext Brief, Stadtplan Foto	Arbeit an Texten Informationen beschaffen/auswerten Stichworte gliedern
IV. Umgang mit anderen				
1. Meine Meinung, deine Meinung – Diskutieren S. 66–74	Gespräche führen: Meinung einbringen Diskutieren: Behaupten, begründen Vorwürfe klären/widerlegen	Text auswerten: Ordnen Plakat Leserbrief Notizen erstellen Argument schreiben	Meinungstext Sachtext Argumentationskarte Gespräch	Text erfassen Stichworte ordnen Gesprächsergebnisse festhalten Begründen: Konjunktion
2. Mit Menschen anderer Kulturen zusammenleben (FTh) S. 75–82	Berichten Diskutieren: Vor- und Nachteile Meinungen einbringen	Collage erstellen Bericht Übersetzen	Foto Sachtext Jugendbuchausschnitt Meinungstext	Informationen über andere Kulturen beschaffen u. auswerten (Fremd- u. Modewörter)

	Sprechen und	Schreiben	Textarten	Arbeitstechniken
V. Mit Texten umgehen				
1. Worum geht es? – Texte zusammenfassen S. 84–93	Diskutieren Texte erschließen: Schlüsselbegriffe, Inhalt, Sprache, Form	Stichworte erstellen Texte zusammenfassen Texte werten	Erzählung Schülertext Kalendergeschichte Sachtext	Text überarbeiten Randnotizen, Überschriften, Stichworte Tempus: Präsens Modus: Konjunktiv I themenbezogener Wortschatz
2. „Behalt das Leben lieb!" – Jugendbuch S. 94–103	Diskutieren: Behaupten, begründen Stellung nehmen Buch vorstellen	Freies Schreiben Collage Text zusammenfassen Meinung schreiben	Jugendbuchausschnitt Grafik Gespräch	Information beschaffen
3. „Krachen und Heulen" – Balladen, Gedichte S. 104–112	Gestaltendes Lesen Diskutieren Texte erschließen Pantomime Erzählen	Produktiver Umgang: erweitern, ausgestalten, variieren, umformen	Ballade, Gedicht Karikatur, Comic Zeitungsbericht Reportage, Interview	Texte erfassen Verständnis sichern
4. „Das finde ich toll!" – Fernsehserien (W) S. 113–118	Berichten Text wiedergeben Gespräch führen	Fragebogen/Tabelle Plakat Collage erstellen Exposee schreiben	Zeitschrift Meinungstext Textzusammenfassung	Nachschlagen Informationen beschaffen u. auswerten Texte überarbeiten

B. Rechtschreiben

1. Selbstständig berichtigen S. 120–123	Partnerdiktat, Flüchtigkeitsfehler, Fehlergruppen, Fehlerkartei, Nachschlagen: Lernzirkel
2. Zusammen oder getrennt? S. 124–131	Zusammengesetzte Substantive/Adjektive/Adverbien/Verben (Grund- und Bestimmungswort), Wortableitungen, Arbeitsmethoden: Wörterkim, Aufgabenblatt, Nachschlagen, Regeln formulieren/anwenden; Kontrollieren/Korrigieren
3. Großschreibung S. 132–140	a) Substantivierte Verben (Lösungshilfe: Artikelprobe; Wortbausteine, z.B. *-ung*) b) Substantivierte Adjektive (Lösungshilfe: Artikelprobe; Wortbausteine, z.B. *-keit*) Regeln formulieren/anwenden; Kontrollieren/Korrigieren

C. Sprachbetrachtung und Grammatik

1. Wiederholung S. 142–145	Wortarten: Adverb, Präposition, Konjunktion, Zahlwort Satzglieder: Subjekt, Prädikat, Objekte, adverbiale Bestimmung (Methode: Frageprobe)
2. Sätze verbinden, Kommas setzen, S. 146–148	Satzverbindung: Hauptsätze, Komma, (Semikolon); Kommaregeln bei *und* und *oder*; Kontrollieren und Korrigieren
3. Sätze fügen, Kommas setzen S. 149–157	Satzgefüge: Haupt- und Nebensatz (Konjunktionalsatz, Relativsatz), Infinitivgruppe, Komma; Übungstexte zur Zeichensetzung; Kontrollieren/Korrigieren
4. Aktiv – Passiv S. 158–161	Verb: Aktiv und Passiv (Konjugation, Tempora)
5. Direkte und indirekte Rede (W), S. 162–165	direkte Rede (Anführungszeichen); indirekte Rede (durch Komma vom Hauptsatz getrennt) Verb: Modus (Indikativ, Konjunktiv I, Konjunktiv II)
6. Oberbegriffe – Unterbegriffe S. 166–168	Ober- und Unterbegriffe für Stichwortzettel und zur Textauswertung
7. Redensarten und Sprichwörter S. 169–173	Wortgruppen mit übertragener Bedeutung
Einfach zum Nachschlagen: Grammatik: S. 176–178	Alphabetisch geordnetes Verzeichnis wichtiger Grammatikbezeichnungen mit Beispielen

Einfach zum Nachschlagen: Grammatik

Adjektiv	Wortart: Beate ist **sportlich**. Das ist ein **himmlisches** Eis. Adjektive können gesteigert und dekliniert werden, z. B.: sportlicher, das sportliche Mädchen, dem sportlichen Mädchen
Adverb	Wortart: Franz wohnt doch **hier**. Lea kommt **schon**. Adverbien sind unveränderbar.
Adverbiale Bestimmung	Satzglied: **Gestern** trafen wir **an der Straßenecke** unsere neue Lehrerin. Frageprobe: **Wann** trafen wir **wo** unsere neue Lehrerin? Adverbiale Bestimmung der **Zeit**, des **Ortes**, der **Art** und **Weise**, des **Grundes**
Akkusativobjekt	Satzglied: Ein Esel trifft **einen alten Hund**. Frageprobe: **Wen** oder **was** trifft der Esel? → Kasus
Aktiv	Form des → Verbs: Felix **holt** die Äpfel. → Passiv Im Aktiv steht ein „Täter" im Vordergrund.
Artikel	Wortart: Begleiter von → Substantiven (**die, der, dem, des, einem, einen**).
Dativobjekt	Satzglied: Das Buch gehört **dem Lehrer/der Lehrerin**. Frageprobe: **Wem** gehört das Buch? → Kasus
Futur	Tempus des → Verbs für die Zukunft: Franz **wird** morgen **kommen**.
Hauptsatz	Satzart: **Ich zeige dir den Weg**, weil er schwer zu finden ist. → Nebensatz → Satzgefüge
Indikativ	Form des → Verbs: Erna **erzählt** eine Geschichte. Normalform des Verbs → Konjunktiv
Infinitiv	Form des → Verbs: geh**en**, hol**en**, ess**en**
Infinitivgruppe	Wortgruppe um einen Infinitiv mit „zu". Sie versuchte **ihm das zu erklären**. Wenn im Satz ein hinweisendes Wort auf diese Infinitivgruppe vorkommt, etwa „es", „daran", muss man ein Komma setzen. Er liebte **es, lange zu schlafen**.
Kasus	Form des → Substantivs/Adjektivs/Artikels: Nominativ: **das** neue Haus, **die** alte Katze, **der** große Hund Genitiv: **des** neuen Haus**es**, **der** alten Katze, **des** großen Hund**es** Dativ: **dem** neuen Haus, **der** alten Katze, **dem** großen Hund Akkusativ: **das** neue Haus, **die** alte Katze, **den** großen Hund
Konjunktion	Wortart: – nebenordnende Konjunktion: **und, oder, aber, denn** – unterordnende Konjunktion: **dass, weil, wenn, damit**
Konjunktionalsatz	Nebensatz, der durch eine unterordnende Konjunktion eingeleitet wird: Ich zeige dir den Weg, **weil er schwer zu finden ist**.
Konjunktiv	Form des → Verbs: Man unterscheidet den Konjunktiv I, aus dem Präsens des Verbs abgeleitet, und den Konjunktiv II, abgeleitet aus dem Präteritum. Konjunktiv I: Emil sagte mir, dass Felix die Äpfel **hole**. Konjunktiv II: Emil sagte mir, dass Felix und Erna die Äpfel **holten**. Den Konjunktiv II kann man auch umschreiben: Emil sagte mir, dass Felix und Erna die Äpfel **holen würden**.

Nebensatz	Satzart. Wir unterscheiden: 1. Konjunktionalsatz: Ich zeige dir den Weg, **weil er schwer zu finden ist**. 2. Relativsatz: Ein Apfelsaft, **der naturtrüb ist**, ist wie die Natur. Nebensätze werden durch Kommas vom → Hauptsatz getrennt.
Oberbegriff	Vergleiche auch → Unterbegriff; **Möbel:** Tisch, Stuhl, Schrank
Passiv	Form des → Verbs: Die Äpfel **werden** (von Felix) **geholt**. Beim Passiv steht die Sache im Vordergrund.
Partizip Perfekt	Form des → Verbs: **ge**holt, **ge**gangen, **ge**trunken Es ist Teil des Perfekts (Er hat etwas **ge**holt.), es wird oft als → Adjektiv verwendet (der **ge**kochte Fisch).
Partizip Präsens	Form des → Verbs: lach**end**, wüt**end**. Das Partizip wird oft als → Adjektiv verwendet (ein lach**endes** Gesicht).
Perfekt	Tempus des → Verbs für die Vergangenheit: Er **hat** furchtbar **gelacht**. Sie **ist** fröhlich **weggegangen**.
Plusquamperfekt	Tempus des → Verbs für die Vorvergangenheit: Er **hatte** furchtbar **gelacht**. Sie **war** einfach **gegangen**.
Prädikat	Satzglied: Die Mutter **holt** das Auto. Sie **hat** etwas **vergessen**. Frageprobe: Was ist von der Mutter ausgesagt?
Präposition	Wortart: Die Katze liegt **unter, über, neben, auf**… dem Tisch.
Präsens	Tempus des → Verbs für die Gegenwart: Er lach**t** laut. Wir geh**en** fröhlich weg.
Präteritum	Tempus des → Verbs für die Vergangenheit: Er lach**te** laut. Wir **gingen** fröhlich weg.
Rede, direkte	Auch: wörtliche Rede. Emil sagte: „**Felix holt die Äpfel.**" Die direkte Rede wird in Anführungszeichen gesetzt.
Rede, indirekte	Die indirekte Rede wird durch Komma vom Hauptsatz abgetrennt. Das Verb steht dabei im → Konjunktiv. Emil sagte, **dass Felix die Äpfel hole**.
Redensart	Feststehende Wendungen, die nicht wörtlich gemeint sind: *auf dem Holzweg sein, etwas durch die Blume sagen*. Die ursprüngliche Bedeutung von Redensarten haben wir oft vergessen.
Relativpronomen	Wortart: Das ist Mode, **die** uns Spaß macht.
Relativsatz	Nebensatz, der durch ein Relativpronomen eingeleitet wird: Das ist Mode, **die uns Spaß macht**.
Satzgefüge	Verbindung eines Hauptsatzes mit einem → Nebensatz: (1) Ein Apfelsaft, **der naturtrüb ist,** ist wie die Natur. (2) Ich zeige dir den Weg, **weil er schwer zu finden ist**.
Satzglied	Bauelement des Satzes: Der Esel/trifft/einen alten Hund. Einen Hund/trifft/der Esel. Satzglieder werden zusammen umgestellt.

Satzverbindung	Zwei oder mehrere Hauptsätze werden verbunden. **Wir stiegen aus, aber wir stellten uns sofort wieder an.**
Semikolon	auch: Strichpunkt: *Ein Streit ist bald angefangen; ein Streit ist schwer beendet.* Ein Semikolon grenzt die Sätze in einer Satzverbindung stärker ab als ein Komma.
Sprichwort	Feste Sätze, die nicht wörtlich gemeint sind und oft eine allgemeine Lehre beinhalten: *Man soll den Tag nicht vor dem Abend loben. Wer im Glashaus sitzt, soll nicht mit Steinen werfen.*
Subjekt	Satzglied: **Der Esel** trifft einen alten Hund. Frageprobe: **Wer** (oder was) trifft einen Hund? → Kasus
Substantiv	Wortart: das **Haus**, die **Schule**, der **Fluss**
Tempus	Verbform (Plural: Tempora) zur Bezeichnung der verschiedenen Zeitstufen: → Futur, Perfekt, Plusquamperfekt, Präsens, Präteritum
Unterbegriff	Vergleiche auch → Oberbegriff: **Flöte, Geige, Klavier, Gitarre** sind Musikinstrumente.
Verb	Wortart: **gehen, kommen, holen, lachen**
Zahlwort (Zahladjektiv)	Wortart: **acht**, der **zweite** Platz, Anna-Lena wurde **Dritte**, ein **Viertel**, **wenige** Menschen
Zusammensetzung	Art der Wortbildung: Haus + Dach → das **Hausdach**, nass + kalt → **nasskalt**; Riese + groß → **riesengroß**. Das letzte Wort der Zusammensetzung heißt Grundwort, die anderen Wörter Bestimmungswörter.

Stichwortverzeichnis

adverbiale Bestimmung 42, 53, 145, 174
Aktiv – Passiv 158 ff.
   Tempora in Aktiv und Passiv 161
Anekdote 165
Arbeitsmethoden (Siehe auch Merkhilfen und Tipps.)
   Arbeitsergebnis darstellen 60
   Arbeit mit Rechtschreibwörterbuch 123
   Arbeitsplan: Vorlesen 30
      Spielen 30
   Aufgabenblatt 126 ff.
   argumentieren 101
   Artikelprobe 136, 139
   berichten 47, 50
   Buch vorstellen 103
   Diagramm anlegen 57 f.
   diskutieren 24, 74
   erzählen 9
   Fehler finden 120 ff.
   Fragebogen zu Dokumentation 56
   Fragebogen zu Fernsehsendung 116
   Gedicht vortragen 105 f., 109
   Lesefenster 120, 128
   Prospekt gestalten 64
   Randnotizen anbringen 89
   Rechtschreibkartei (Fehlerkartei) anlegen 122
   Rechtschreibwörterbuch benutzen 123
   Rollenwechsel der Satzglieder im Passiv 158
   Satzglieder bestimmen 145
   Satzverbindung untersuchen 146 f.
   Satzgefüge untersuchen 154
   Stichwortzettel anlegen 35 f., 39, 59, 92
   Substantive erkennen 135
   szenisches Spiel 32
   Text gliedern 36
   Text untersuchen 9, 20, 22, 40, 89
   Text zusammenfassen 39, 86, 88, 93
   Umfrage durchführen 57, 115
   Wörterbuch nachschlagen 123
   Wörterkim 129 f.
argumentieren 67 ff., 70 ff., 101, 102
   Argumentationskarte 70, 74
   Argumente ordnen 101
   Begründung 67, 70, 79, 101
   Behauptung 67, 70, 101
   Standpunkt klären 69 ff.

Bericht 41 ff.
berichten
   mündlich 36 f., 42, 49, 50, 80, 113
   schriftlich 43, 46, 53, 93

Zeitungsbericht 53
Bild 5, 17, 23, 24, 33, 34, 35, 41, 42, 46, 47, 48, 65, 66, 67, 75, 78, 80, 82, 83, 90, 101, 106, 108, 111 ff., 117, 119, 120, 144
   Comic gestalten 112
   Skizze zu Text 87, 100, 103
   Stadtplan 60
   Unfallskizze 46, 47
Bildunterschrift 63
Biografie 140
Blindenschrift 102
Brief 18, 76, 143

Cluster 16, 19, 27, 55
Collage 19, 75, 79, 106
Comic 112

Diagramm 57, 58
Dialog 69 f., 73 f.
diskutieren 25, 66 ff., 74, 84, 105
   Diskussion vorbereiten 25, 74
   Meinung begründen 67, 70, 71, 72, 74
dokumentieren 55 ff.

Erzählungskern 6
Erzählung 8, 9, 11 f., 13, 52 f., 76, 84, 85 f., 89 f., 128, 130 f., 135, 137, 139, 168
erzählen 7, 8, 12, 14, 15, 16, 50, 99, 109
   aus veränderter Perspektive 10, 12

Fabel 145, 148
Fantasiegeschichte 9
Fernsehen 113 ff.
   Fernsehserie untersuchen 113 ff.
   Fernsehsendung vorstellen 116
Fragen stellen
   zu Alltagsgeschehen 48
   für Fragebogen 56
   an Text 49
Fremdwort 40, 80 ff.
   erklären 82 f., 91, 114

Gedicht 22, 26, 27, 104 ff.
   Ballade 104 ff.
   Limerick 112
   Parodie 10
   schreiben 106, 109, 112
   umschreiben 110 f.
   vortragen 105 ff., 108

informieren 35 ff., 55
   berichten 36 ff., 41 ff., 80
   dokumentieren 55 ff.
   fotografieren 63

Informationen sammeln 55, 82
Rezept beschreiben 81
Sachtext auswerten 34 f., 37 ff.
Interview 111

Jugendbuch 20, 76, 79, 94 ff.

Kalendergeschichte 6, 87
Karteikarte 15
   Argumentationskarte 70, 74
   Fehlerkartei 122
Klassenzeitung 55

Lernzirkel 123
Leserbrief 68
Lesezeichen 105
Lexikon/Wörterbuch 21, 35, 37, 39
   nachschlagen 35, 37, 39, 76, 123
Lügengeschichte 31

Merkhilfe
   Aktiv-Passiv 158, 159
   Artikelprobe 133, 135
   Infinitivgruppe 152 f.
   Konjunktion 67, 143
   Konjunktiv: indirekte Rede 163 f.
   Oberbegriff/Unterbegriff 166, 168
   Perspektivenwechsel 10
   Präposition 134, 142
   Rede, direkte 88, 162
      indirekte 88, 163
   Redensart 169, 171
   Relativsatz 154
   Satzgefüge 149 f.
   Satzverbindung 146 ff.
   Sprichwort 172
   Substantiv aus Verb/aus Adjektiv 135, 137
   Textzusammenfassung 86
   Zahlwort (Zahladjektiv) 144

Nachschlagezirkel 123

Oberbegriff/Unterbegriff 35, 57, 166 ff.

Plakat 68, 116
Projekt 55 ff., 64 ff., 96 ff., 115
   Erfahrungen erarbeiten 96 ff.
   Prospekt gestalten 64 ff.
   Umfrage durchführen 96 ff., 115

Rechtschreiben 119 ff.
   Artikelprobe 136
   dass-Satz 14, 150
   Einsetzübung 123, 142
   Fehlergruppen 121 f.

Fehlerkartei 122
Fehlerquellen 120 f.
Flüchtigkeitsfehler 120 f.
Großschreibung 132 ff., 155
Kleinschreibung unbestimmter
  Mengenangaben 144
Partnerdiktat 120, 121, 122, 128, 129,
  131, 136, 137, 139, 140, 144, 156
Rechtschreibwörterbuch nach-
  schlagen 123
Regel formulieren 127 ff., 135, 139
Wortlisten 7, 11, 12, 17, 40, 54,
  81, 93, 140
Zusammen-/Getrenntschreibung
  124 ff.
Rede
  direkte Rede 88, 162 f.
  indirekte Rede 163
Redensart 16, 169, 171
Rezept 81

Sachtext 21, 34, 68, 71, 72 f., 78,
  90 f., 137 f., 168
Satz
  umformen 131, 133, 134
  Satzgefüge 149 ff.
    Hauptsatz 146, 149, 151
    Konjunktionalsatz 149, 150,
      151, 155
    Relativsatz 154 ff.

  Satzglieder 11, 145 ff., 158, 160
    adverbiale Bestimmung 11, 53,
      142, 145
    Objekt 145, 160
    Prädikat 145
    Subjekt 145, 148, 160
  Satzverbindung 146 ff.
Schlagzeile 54
schreiben
  abschreiben 18, 128, 130, 134, 136
    142, 146, 147, 148, 153, 157,
    159, 160
  Antwortbrief 18
  Bildunterschrift 63
  Brief 61, 76, 77, 102
  Einfall aufschreiben 24
  Erzählung 8
  Fernsehsendung vorstellen 118
  Fragebogen 56 ff.
  freier Text 19, 26
  Gedicht 101, 106, 109, 112
  Interview 111
  Leserbrief 68
  Reportage 110
  Rezept 81
  Teilgeschichte 8, 9

Text ergänzen 44
Text neu schreiben 6, 14
Text weiterschreiben 11, 14, 23,
  85, 86, 109, 110, 111
Text zusammenfassen 39, 103, 165
Unfallbericht 43, 46, 47
Wunschzettel 24
Zeitungstext 7, 53, 54, 165
Schülertext 10, 13, 15, 18, 24, 25,
  35 f., 44, 49, 50, 53, 63, 76,
  78, 86, 115, 122
Schulpartnerschaft 82
Spiel 14 ff.
spielen 27 ff., 41, 67, 107 ff., 173
  Gedicht 107 f
  Pantomime 28, 108
  Schattenspiel 108
  Sprichwort 173
  szenisches Spiel 31 ff.
Spielregel 14
Spieltext 31 f., 41
Sprache/Jugendsprache 81
Sprichwort 141, 172 ff.
Stadtplan 60
Stichwort 22, 35, 43, 48, 49, 56, 99
  herausschreiben 22, 39, 43, 53,
    68, 118
Stichwortzettel 35, 36, 53, 59 f., 74,
  167, 168
  ordnen 49, 56, 68, 74, 167
  vervollständigen 36 f., 59, 62

Tabelle 7, 9, 18, 42, 53, 57, 67, 77,
  81, 92, 98, 101, 124, 127, 130,
  138, 140, 159, 161, 164
Text
  auswerten 39, 86
  gliedern 49
  ordnen 84
  überarbeiten 15, 49, 53
  umschreiben 6
  untersuchen 6 f., 9, 10, 15, 20,
    22, 29 f., 33 f., 38 f., 59, 77
  weiterschreiben 11, 14, 23, 85, 86
  Text zu Bild 19, 34
  zusammenfassen 11, 14, 23, 39,
    84, 85, 88, 89, 91, 165
Textzusammenfassung 8, 39, 86
Tipps
  Aufgabenblatt herstellen 126
  berichten 51, 93
  Brief schreiben 61
  Buch vorstellen 103
  Diagramm anlegen 57
  Diskussion vorbereiten 74
  Fernsehserie analysieren 116
  Fragebogen zu Fernsehserie 115

Gedicht vortragen 105
Meinungsbefragung 115 ff.
Rechtschreibfehler suchen 120 f.
  schreiben 7
Text auswerten 40, 86
Text zusammenfassen 84 ff., 88, 93
Umfrage durchführen und
  auswerten 115
vorlesen 103, 105
Zeitungstext weiterschreiben 7
Trainingsplan 62

Überschrift zu Textabschnitt 37
Unfallanzeige(Formular) 43
vorlesen 8, 14, 30, 103, 105, 106,
  118, 148
  im Chor 108
  mit verteilten Rollen 32

Werbetext 59, 125
Witz 29 ff.
Wortarten 124 ff., 142 ff.
  Adjektiv 7, 40, 54, 124 ff., 138 f.,
    140
  Adverb 125, 127, 129, 142
  Artikel 134 ff.
  Konjunktion 67, 146 ff., 150, 157
  Partizip (Wortform) 124, 128, 129,
    177
  Präposition 134, 142
  Relativpronomen 154, 157
  Substantiv 7, 40, 54, 84, 124 ff.,
    132, 136, 138 f., 140, 152
  Verb 7, 40, 54, 125 ff., 129, 158 ff.,
    163 f.
    Aktiv-Passiv 158 ff.
    Indikativ 163, 164
    Infinitiv 53
    Konjunktiv 163, 164
    konjugieren 143, 159
    Tempus 7, 53, 161, 165
    Verbformen 7, 159 f.
  Zahlwort (Zahladjektiv) 144
Wörterbuch nachschlagen 123
Wortfeld 165

Zeichensetzung 49, 146 ff., 149 ff.,
  155 ff.
  Komma 49, 146 ff., 153, 156, 157
  Komma bei Satzgefüge 149 ff.,
    155 ff.
  Komma bei Satzverbindung 146 ff.
  Punkt 155
  Semikolon 146, 178
Zeitungstext 7, 10, 14, 54, 91, 150, 158
Zeugenaussage 44 f.
Zusammensetzung 124 ff.